GEORG PETRAS

Let's go Hellas

Griechenland, jetzt erst recht!

Verlag der  Griechenland
Zeitung

1. Auflage 2017
© Verlag der Griechenland Zeitung (GZ),
HellasProducts GmbH, Athen
www.griechenland.net

Umschlagentwurf: Rene Kankura
Umschlagfoto: Harry Zampetoulas
Buchlayout: Harry Glytsis

ISBN: 978-3-99021-019-2
Printed in Greece

ISBN 978-3-99021-019-2

9 783990 210192

GEORG PETRAS

Let's go Hellas

Griechenland, jetzt erst recht!

Verlag der Griechenland Zeitung

Liebe Leserin, lieber Leser, liebe Griechenland-Freunde

Ich freue mich sehr, dass Sie sich für meine Geschichte interessieren. Sie gehören zu den Menschen, die mehr erfahren möchten über dieses Land, über die Sonneninsel Rhodos und über die vergangenen sieben Jahre Krise und Rezession in einer Region, die zu den schönsten weltweit gehört. Es geht um mich, einen Immobilien-Unternehmer, der antizyklisch viel Geld in seiner Heimat investiert hat, und der trotz aller Warnungen, Grexit-Gefahren und noch so dramatischer Geschehnisse immer weiter gegangen ist. Ist das komplett verrückt oder besonders mutig und clever?

Es ist diese Mischung aus all dem, die mich immer wieder ermutigt hat weiterzumachen. Gleichzeitig habe ich mein Ziel, Marktführer in meinem Segment zu werden, nie aus den Augen verloren.

Sie, liebe Leser, gehören auch zu den Menschen, die wissen wollen, wie es tatsächlich vor Ort war. Sie können sich nicht mit den von bekannten Boulevard-Zeitungen verbreiteten Schlagzeilen über faule, korrupte und schlimme Griechen identifizieren. Oder haben Sie vielleicht doch das eine oder andere Mal gedacht: Raus aus dem Euro mit den Griechen ...?

Indem ich Ihnen die Zusammenhänge in der griechischen Schuldenkrise näher bringe, hoffe ich, Missverständnisse aus dem Weg zu räumen. Interessant ist dabei auch mein

„Doppelleben", auch während der Krisenjahre: Als Deutscher in Griechenland und als Grieche in Deutschland. Dabei sollte etwas sehr Wichtiges nicht vergessen werden: In meiner Geschichte geht es um Menschen und um zum Teil dramatische Ereignisse. Aus diesem Grund spende ich mein Honorar komplett der Stipendium-Stiftung/Idryma ypotrofion auf Rhodos, die begabten und sozial schwachen jungen Menschen ein Studium ermöglicht. Ein weiterer Teil der Einnahmen des Verlags gehen an die Engel & Völkers Charity, die dieses Geld zu 100 Prozent für Kinder und deren Schulbildung in Togo einsetzt.

Während der vergangenen Jahre hat es in Griechenland durchaus auch Erfolgsgeschichten gegeben! Das stimmt mich positiv und hat mir gezeigt, dass es auch unter schwierigsten Umständen immer weiter geht. Mein Motto: Niemals aufgeben!

Griechenland bietet viele Chancen: Der Tourismus wird in den nächsten Jahren überdurchschnittlich wachsen und in der Immobilienbranche schlummert enormes Potenzial. Mein Erfolgsrezept? Ich habe nicht resigniert. Und damit bin ich nicht allein. Viele meiner Unternehmer-Kollegen aus ganz unterschiedlichen Branchen haben die Ärmel hochgekrempelt und immer weiter gemacht. Auch meine Kunden haben sich trotz aller Warnungen für einen Platz an der Sonne auf Rhodos entschieden. Und sie sind damit glücklich geworden. Hier sind ihre und meine Geschichten: Kommen Sie mit! Und: Let`s go Hellas!

Georg Petras, Rhodos im Frühjahr 2017

Zukunft wird nicht „für uns“,
sondern „von uns“ geschrieben

Aristoteles (384 bis 322 v. Chr.)

Prolog

Es gibt Momente, in denen die Zeit steht bleibt. Besonders gute oder auch besonders schlechte Nachrichten teilen unsere Erinnerungen in ein „Vorher" und ein „Danach". Der Tod von J. F. Kennedy, der Fall der Berliner Mauer und der 11. September 2001 gehören zu diesen Ereignissen. Jeder kennt in seinem Leben einen Moment, nachdem plötzlich alles in einem anderen Licht erscheint. Meist wachsen wir nach solchen prägenden Ereignissen über unsere Fähigkeiten hinaus. Dem Immobilien-Unternehmer Georg Petras erging es so, als im Sommer 2015 die griechischen Banken im Zuge der Wirtschaftskrise geschlossen wurden. Seinen persönlichen Wendepunkt, der in der aristotelischen Poesie „Peripetie" genannt wird, erlebte er am 28. Juni 2015. Es war ein Montag:

Wie geht es jetzt weiter?

Plötzlich war es still. Ich erinnere mich, dass ich in meinem Büro sitze und meinen Kopf in meine Hände sinken ließ. So muss ich etwa 15 Minuten gesessen haben. Es war mehr als ein Gefühl der Erschöpfung, das mich ergriffen hatte. Wie sollte es weitergehen? Wie kann es jetzt weitergehen? Warum muss das jetzt passieren? Diese Fragen drehten sich wie in einer Endlosschleife in meinem Kopf. „Weiter!" höre ich mich sagen. Ich richte mich auf und gehe die wenigen Schritte aus meinem Büro zu meinen Kollegen in den Verkaufsraum. Dort höre ich mich wie in Zeitlupe sagen: „Die Banken sind zu. Wir haben ein massives Problem."

Juni 2015

Wir haben Georg Petras ermuntert, das alles aufzuschreiben. Mitten in Europa, mitten im Sommer strauchelt eine ganze Nation, die auch die Wiege der Demokratie genannt wird. Kaum jemand hat so tiefe Einblicke in die Griechenland-Krise wie Petras – und kaum jemand hat sie mit unternehmerischer europäischer Perspektive analysiert und bewältigt wie Georg Petras. Hier ist seine Geschichte, die mit dem Kennenlernen der Herausgeber dieses Buches beginnt:

Kapitel 1

Wie alles begann oder: Alles auf eine Karte gesetzt

E twas besser kennengelernt haben wir Georg Petras in einer Bar, nachdem wir uns gemeinsam im Theater „Akadimos" im Athener Zentrum ein Theaterstück angesehen hatten. Das war Anfang 2015. Es war ein ganz lustiger Abend, ein Montag, nach Redaktionsschluss, auch wenn wir etwas in den Seilen hingen. Am Tisch im Lokal saßen zwei, drei weitere Journalisten und ein paar Schauspieler, darunter auch einer der Hauptdarsteller, Kostas Bigalis, nicht nur Schauspieler und Komponist, sondern auch einer der erfolgreichsten Sänger der 90er in Griechenland. Er hatte zusätzlich die Eigenschaft, Trauzeuge von Georg zu sein – „Koumparos", wie man auf Griechisch sagt. „Unser Mann aus Rhodos" erzählte uns damals ein bisschen aus seinem Leben. Wir erfuhren, dass er verheiratet ist, einen Sohn hat, Jahrgang 2004, und dass er ständig pendelt – zwischen der Sonneninsel Rhodos und Esslingen am Neckar.

Unsere erste Begegnung? Das war im Sommer 2014 bei uns in der Redaktion. Georg war sportlich gekleidet, leger. Man spürte sofort: Einer, der weiß, was er will. Die Buchidee kam damals schon kurz auf den Tisch. Ja, die *Griechenland Zeitung*, die kannte er schon. Er schätzte sie, wie er uns versicherte: „Ich finde euch unglaublich seriös. Das fiel mir vor allem in der Phase des ‚Pressekrieges' auf, der so um das Jahr 2012 herum tobte. Dass ihr so objektiv und ganz ohne Griechen

Hetze die Lage im Land regelmäßig beschreibt, das gefällt mir an euch!" Natürlich: Das schmeichelte uns. Wir hätten „eine wohlwollende Distanz", fügte Georg dann noch hinzu.

Er kauft die Zeitung nach wie vor auf Rhodos, stets an einem Kiosk, den ein Bekannter betreibt, den er damit auch ein bisschen unterstützen will. „Anschließend lege ich sie dann bei mir im Büro aus." – Zufriedene Gesichter bei uns Herausgebern.

Von uns wollte er schließlich wissen, wie es zur Gründung der *Griechenland Zeitung* gekommen war. Bei einem Frappé legten wir los: Das war 2005. Im Frühsommer zeichnete sich ab, dass die *Athener Zeitung*, bei der wir bis dahin arbeiteten, geschlossen werden sollte. „Eine deutschsprachige Zeitung muss es geben", sagten wir uns. Es war dann August, als die Entscheidung fiel. Wir kamen gerade aus dem Radiostudio, wo wir damals täglich eine Sendung hatten. In einem kleinen Restaurant aßen wir Souvlaki – und genehmigten uns noch ein Bier. Ein paar Tage später legten wir unsere Ersparnisse zusammen. Ein bescheidenes Anfangskapital. Wir hielten Ausschau nach einem Büro. Fündig wurden wir in einem Wohnhaus gegenüber vom Nationaltheater, in der Koumoundourou-Straße. Von dort aus gaben wir dann über einen Zeitraum von fünf Jahren die *Griechenland Zeitung* heraus – dann zogen wir in unser jetziges Büro.

Georg machte bei unserer kleinen Erfolgsgeschichte ein erstauntes Gesicht. „Nicht schlecht! Da habt ihr ja 2005 alles auf eine Karte gesetzt! Wie seid ihr denn dann später mit der

Krise umgegangen, wie habt ihr das konkret erlebt?", wollte er wissen. Nun, da hatten wir viel zu erzählen. Zunächst wurden erst einmal die Postgebühren in Griechenland unglaublich angehoben, auf fast das Zehnfache war die Zustellung der Zeitung nach 2010 in die Höhe geschnellt. Dann meldeten Firmen Konkurs an, die in unserer Zeitung geworben hatten und die uns beachtliche Summen schuldeten. Dann ging der Vertrieb für die fremdsprachige Presse in die Knie. Auch er schuldete uns eine ganze Menge Geld. „Hätten wir nicht mit der Buchproduktion begonnen ...", sagt Robert, „... dann wären wir vielleicht ebenfalls Pleite ...", ergänzt Jan. Und er fügte hinzu: „Weißt du, Georg, Bücher wollten wir eigentlich schon immer machen. Das ist ein Privileg, wenn man so etwas tun kann, wenn man eine solche Möglichkeit hat, da kann man nur dankbar sein."

Und so stand dann plötzlich die Idee klar im Raum, das Buch über Georg und seine Erfolgsstory mit dem Immobiliengeschäft auf Rhodos wird im Verlag der *Griechenland Zeitung* publiziert.

„Ich will darstellen, dass man auch in der Krise erfolgreich sein kann", erzählte uns der Immobilien-Makler. „Griechenland bietet nach wie vor Chancen. Let's go Hellas", sagte er mit seinem gewinnenden Lächeln beim Weggehen. „We'll stay Hellas!" antworteten wir beide wie aus einem Mund. Wir lachten, die Chemie stimmte – beste Voraussetzungen für unser gemeinsames Projekt.

Jan Hübel & Robert Stadler
Herausgeber der *Griechenland Zeitung*

Wenn aus Krisen Texte werden

Von Co-Autorin Anja Steinbuch

„Schreiben Sie uns 4.000 Zeichen über den Markt für Ferien-immobilien in Spanien und Griechenland! Bis übermorgen." Der Auftrag für einen Artikel für eine große deutsche Wirtschaftszeitung platzte mitten in einen ungünstigen Zeitpunkt. Die weltweite Finanzkrise war zwar überstanden. Doch aus einigen europäischen Ländern kamen schlechte Nachrichten. Die Wirtschaft stockte, der Immobilienmarkt war am Boden. Betroffen waren hauptsächlich Spanien, Portugal und Griechenland. Das war im Frühjahr 2011.

Es musste schnell gehen – das Schreiben. Ich nahm den Telefonhörer in die Hand und fragte nach aktuellen Zahlen von den großen Maklerhäusern. Eine Pressesprecherin stellte mir eine aktuelle Tabelle in Aussicht. Ich erhielt einen Kontakt zu einem Makler auf der Ferieninsel Rhodos. „Wo ist das eigentlich genau?" fragte ich mich, als mein Telefon klingelte. Ich hatte Georg Petras am Apparat. Er fragte mich ganz offen: „Was wollen Sie denn wissen? Schnäppchenangebote gibt es bei uns auf Rhodos nicht." Ganz schön selbstbewusst – dachte ich. Und: Warum spricht ein griechischer Immobilienmakler eigentlich mit schwäbischem Akzent?

Mein erstes Gespräch mit Georg Petras katapultierte mich direkt in das deutsch-griechische Spektakel: Die *Bild Zeitung* legte mit Schlagzeilen wie „Pleite-Griechen sind reicher als wir" und „Jetzt griecht Ihr nix mehr" vor, und die griechische Presse konterte mit Bildern von Angela Merkel mit Führer-Bärtchen. Mein Interviewpartner, ein Deutsch-Grieche aus Stuttgart mit Wurzeln auf Rhodos, war ganz anders. Anstatt zu polarisieren, verstand er beide Seiten.

Nach meinem ersten Griechenland-Immobilien-Krisen-Artikel im Frühjahr 2011 entstanden viele weitere Texte über Ferienhäuser auf Rhodos, auf dem Festland und über die Lage in Hellas allgemein. Auftraggeber waren verschiedene deutsche Tageszeitungen und Portale wie *Spiegel Online*, *Die Welt* oder auch der *Münchner Merkur*. Der Grieche mit dem schwäbischen Akzent hat sich während der Zeit von einem fleißigen Geschäftsmann und Lizenznehmer des Maklerunternehmens Engel & Völkers tatsächlich zu einem Botschafter zwischen Griechenland und Deutschland entwickelt. *Spiegel Online* hob meinen Artikel mit den Fotos von Villen und Ferienwohnungen auf die Startseite: Es funkelten Swimmingpool und weißer Sandstrand um die Wette. Trotz aller Zuspitzungen holte Georg Petras Journalisten und Käufer stets auf den Teppich zurück: „Der Markt für Ferienimmobilien ist losgelöst vom Markt auf dem Festland." Und: „Auf Rhodos sind die Bedingungen anders als im Rest des Landes." Gebetsmühlenartig wiederholte Georg Petras seine Aussagen, auch wenn Boulevardzeitungen täglich mit Meldungen kamen, die einen Ausverkauf von Immobilien auch auf den Ferieninseln von Hellas ankündigten.

Mit einer Ruhe, die aus seinem Wissen um die Lage in seiner Heimat resultiert, sowie einer offenen und ehrlichen Art, mit Journalisten umzugehen, hat sich Georg Petras einen Namen nicht nur in der Welt der Immobilien, sondern auch in der Medienlandschaft gemacht. Korrespondenten vertrauen regelmäßig auf seine Zahlen und Einschätzungen.

Im Herzen Grieche und im Kopf Deutscher. Das trifft es fast – aber eben nicht ganz, denn Petras muss, je nach Standort, für beide Seiten in die Bresche springen. Den Nachbarn und Freunden in Stuttgart musste er erklären, warum er immer noch ein Makler-Büro auf Rhodos hat, daran festhält und knapp zehn Mitarbeiter beschäftigt. Seinen Bekannten auf Rhodos musste er erklären, warum die deutsche Presse lange Zeit die Griechen mit kritischen Schlagzeilen in Atem hielt, um sie dann durch Geschichten über die Flüchtlingskrise auszutauschen und fast zu vergessen.

Zudem ist Petras während des griechischen „Dramas" stets freundlich, zuvorkommend, höflich und sehr professionell. Informationen hat er stets innerhalb eines Werktages zusammengestellt und verschickt. Zitate spricht er druckreif in den Hörer oder schickt sie per Mail. Kein Wunder, dass kein anderes Makler-Büro der Engel & Völkers-Familie und generell kein Makler so viele Medienberichte pro Jahr produzierte wie Georg Petras und Rhodos. – Auch wenn das mediale Interesse hauptsächlich politische Gründe hatte, Georg Petras schaffte es, alleine im Sommer 2015 mehrmals im Fernsehen und pro Woche mit mindestens einem Artikel oder einem Interview in einer deutschen oder europäischen Zeitung zu erscheinen.

Ich wollte die ganze Geschichte erzählen. Dafür waren Zeitungsartikel nicht umfangreich genug. Meinen Vorschlag, das griechische Drama mit seinen persönlichen Erfahrungen in einem Buch festzuhalten, nahm Georg Petras auf und hatte sehr viel zu erzählen. Dieses Buch ist das Ergebnis.

Blick auf die Altstadt von Rhodos und den Mandraki-Hafen

Kapitel 2

Griechenland – eines der schönsten Grundstücke weltweit!

Georg Petras: **Let's Go Hellas**

Eigentlich wollte ich an diesem Wochenende im März Zeit mit meiner Familie in Stuttgart verbringen – endlich mal wieder mit meiner Frau und meinem Sohn essen und mit meinem Hund spazieren gehen. Deswegen zögerte ich, als eine Wirtschaftsjournalistin sich ankündigte – um sich auf Rhodos ein paar Ferienimmobilien anzuschauen. Warum nicht. Nach dem Motto: „Wer sich das nicht mit eigenen Augen angeschaut hat, kann nicht mitreden." Mit dieser Aussage habe ich viele Journalisten zum Nachdenken gebracht. Auch Anja Steinbuch brauchte Material für Artikel für die Tageszeitung *Die Welt* und für einen Reiseblog – und wer hätte gedacht, dass sie nach ihrer Reise nach Rhodos am Ende mit mir auch noch ein Buch schreiben wird?

„Hier riecht es gut! Ein bisschen nach Tannen und nach Kräutern der Provence." Meine ersten Worte auf der Insel Rhodos kurz nach der Landung auf dem Flughafen Diagoras lassen Georg Petras, der mich an diesem Märztag vom Flughafen abholt, schmunzeln: „Das sagt fast jeder, der das erste Mal hier ist. Rhodos hat ein eigenes Aroma. Würzig, frisch, mit einer Prise Salz."

Auf „seiner Insel" ist Georg Petras noch ein bisschen dynamischer als bei unserem ersten Treffen während einer Pressekonferenz in Hamburg. Schon damals waren mir sein wacher Blick und seine schnelle Auffassungsgabe aufgefallen. Heute trägt er ein sportliches Sakko, Jeans und leichte Schuhe. Seine Augen signalisieren offene Freundlichkeit. Er wirkt im Ganzen positiv und konzentriert „Willkommen auf Rhodos!", so seine Begrüßung – er nimmt meinen Koffer und marschiert los. „Wir haben morgen viele interessante Termine", verspricht er mir. „Ich hatte nichts anderes erwartet", antworte ich augenzwinkernd.

Georg Petras bringt mich ins *Hotel Mediterranean* in Rhodos-Stadt. Nur 20 Minuten vom Flughafen entfernt. Ein Sonnenaufgang wie vom Sonnengott Helios geschaffen weckt mich am nächsten Morgen. Sieben Uhr – und im Meer plantschen bereits Engländer. Sie schwimmen bei 16 Grad Wassertemperatur. Die Luft ist ähnlich warm und weich und würzig. So richtig zum Tief-Einatmen. Im Frühstücksraum sitzen zwischen vielen griechischen Gästen ein paar wetterfest gekleidete Deutsche neben einer Reihe israelischer Familiengesellschaften. Draußen peitschen schäumend Wellen an den weißen Strand. Die israelischen Charterflieger sind die ersten, die im Frühjahr auf Rhodos landen. Dann kommen die Europäer. Ostern ist die Saison eröffnet, die bis zu den Herbstferien im Oktober anhält. Von allen großen Flughäfen kann man dann direkt auf die Insel fliegen.

Mein erster Stadtrundgang führt mich zum Hafen. Hier soll in der Antike der Koloss von Rhodos – eine 30 Meter hohe Bronzestatue gestanden haben, bis ein Erdbeben das Abbild Helios' straucheln ließ. Historiker bezweifeln das inzwischen und vermuten den einstigen Standort des kolossalen Standbildes eher weiter oben in der Altstadt. Zwei viel zu kleine Hirsche, Wahrzeichen der Insel, zieren heute auf zwei mächtigen Säulen die Hafeneinfahrt. Hier legen in der Saison die Kreuzfahrer an. Wenn man vom Mandraki-Hafen aus in die Altstadt (UNESCO Weltkulturerbe) geht, stößt man ziemlich schnell auf der rechten Seite auf die Ritterstraße. Im 14. und 15. Jahrhundert hatten die Ordensritter zu beiden Seiten der Gasse die Herbergen für die einzelnen Landsmannschaften. Mehrere der Häuser tragen noch die steinernen Wappen der Landsmannschaften und der verschiedenen Großmeister. In dieser Gasse befindet sich außerdem das Ordenshospital. Hinter dem zweiten Bogen, der die Gasse überspannt, endet die Ritterstraße und man befindet sich auf dem Kleoboulos-Platz. Zur rechten Seite befindet sich dann der Durchgang zum Großmeisterpalast. Dieses Gebäude wurde von den Italienern während der Besatzungszeit vollständig neu aufgebaut, da der ursprüngliche Bau aus dem 14. Jahrhundert einer gewaltigen Explosion im Jahre 1856 zum Opfer fiel (ein vergessenes Pulvermagazin flog in die Luft). Über 800 Menschen kamen dabei ums Leben. Die Außenmauern entsprechen noch dem mittelalterlichen Stil, innen wurde aber nicht viel Wert auf einen originalgetreuen Nachbau gelegt. Ein Besuch lohnt trotzdem, denn es gibt viele Bodenmosaike (hauptsächlich von der Insel Kos) zu bewundern.

Der Palast ist in der Vorsaison geschlossen, aber die Großmeisterliche Kirche an der Strandpromenade ist offen. Ich genieße die Stille des Gotteshauses. Später stärke ich mich im Lokal *Koukos*. Das heißt Kuckuck und ist der Name einer Taverne im Zentrum von Rhodos-Stadt – ein Lokal, das immer voll ist. Sogar in der Vorsaison. Traditionelle griechische Fleisch- und

Fischgerichte sowie Gebäck und guter Kaffee sind die Spezialitäten des Restaurants, das nebenbei eine kleine Ausstellung der Telekommunikation zeigt. Steckverbindungen und alte mechanische Telefone zieren den Empfangsbereich. Draußen prangt eine überdimensionale Kuckucksuhr. „In den Bergen im Landesinneren der Insel ist es wie in Tirol", sagte mir ein Griechenlandfan vor meiner Reise und ich lächelte damals nur ungläubig: „Klar, Tirol mitten in der Ägäis." Doch tatsächlich eröffnet sich jenseits der kilometerlangen Strände ein Gebirge bis in die 1000er Grenze. Serpentinenstraßen führen zu urigen Ausflugslokalen und Gebirgsbäche plätschern eifrig. Sie versorgen Rhodos und zwei Nachbarinseln mit Trinkwasser.

Rhodos ist mit 1.400 Quadratmetern die viertgrößte Insel Griechenlands und Hauptinsel der griechischen Inselgruppe Dodekanes in der Südost-Ägäis. Nach der Volkszählung von 2011 hatte die Insel 115.490 Einwohner, davon fast die Hälfte

Die dezenten Wahrzeichen der Stadt Rhodos: Hirschkuh und Hirsch

Georg Petras: **Let's Go Hellas**

Ankünfte ausländischer Gäste in Griechenland

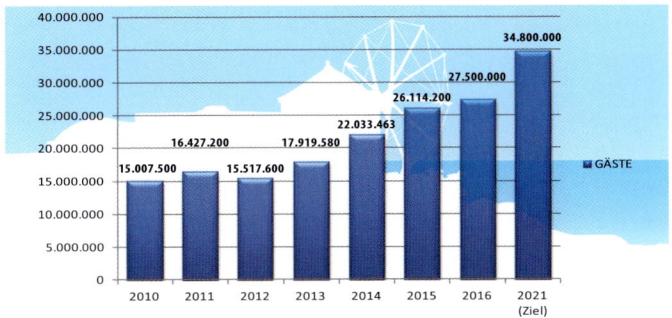

Quelle: SETE, Bank von Griechenland

in der Stadt Rhodos, dem Hauptort und touristischen Zentrum im Norden der Insel. Auf das Jahr verteilt kommen 2,5 Millionen Touristen auf die Insel.

Die Landschaft von Rhodos ist insbesondere im Inneren sehr gebirgig. Die höchsten Erhebungen sind der Attavyros mit 1.215 Metern über dem Meer sowie der Akramitis mit 825 Metern über dem Meer. Die bis an die Küsten reichenden Berge fallen meist steil zum Meer ab. Der Süd- und Nordteil der Insel ist deutlich flacher. Das Südende der Insel geht in die Halbinsel Prasonisi über.

Der nächste Tag führt mich gen Süden. Das Dorf Koskinou ist nur fünf Kilometer von Rhodos-Stadt entfernt, liegt leicht erhöht und eröffnet einige malerische Blicke auf das Meer. Giorgos Stavridis hat hier ein paar hübsche Stadthäuser saniert, restauriert und vermietet sie an Deutsche und Skandinavier. „Hauptsächlich Stammgäste kommen hierher und suchen Ruhe und die Geborgenheit in einem griechischen Dorf", erzählt Stavridis. Seine Häuser sind für diesen Sommer bereits ausgebucht.

Über Faliraki, dem sogenannten Ballermann von Rhodos, der allerdings sehr gemäßigt scheint, geht es über Lardos, wo übrigens Hans W. Geisendörfer, der Erfinder der Fernsehserie *Lindenstraße*, seit knapp 40 Jahren mit seiner Familie lebt, und über Lindos, der unverwechselbaren Schönheit, bis nach Lachania – vorbei an der Akropolis, über Vlicha und Pefkos, wo die Schönen und Reichen urlauben und einst berühmte italienische Maler das Licht der Ägäis auf Leinwand bannten und sogar Pink Floyd-Legende David Gilmour 30 Jahre lang Inspiration für seine Musik fand. Hier haben sich viele Auswanderer aus aller Welt niedergelassen. Zahlreiche Künstler leben hier. Maler schätzen das Licht, die Farben. Alles ist hier intensiver als auf dem Festland.

Mein Ziel ist ein Ort, zu dem es keine Straßenschilder gibt, von wo aus man einen Blick über den ganzen Süden der Insel hat. Auch einen Namen hat dieser Ort noch nicht. Ein Ehepaar aus Süddeutschland hat das im traditionellen Stil errichtete Anwesen einer Engländerin abgekauft und pflanzt hier Olivenbäume. Ein echter Platz an der Sonne. Der Süden der Insel ist ein Surferparadies. Wind- und Kitesurfing sind hier Pflichtprogramm.

Mit dem Auto geht es zurück gen Norden nach Rhodos-Stadt. Eine Stunde Schnellstraße und ich stehe wieder vor der Stadtmauer. Im *Ta Kioupia* stärke ich mich am Kamin mit traditionellen Köstlichkeiten wie Lamm mit Oregano gegrillt und köstlichem Pitabrot und gutem Wein. Viel frischer Salat mit Oliven darf nicht fehlen. Das Lokal wird in zweiter Generation geführt und wird von Einheimischen wie von Touristen sehr geschätzt. Es befindet sich in der Menekleous-Straße 22 im Herzen der Altstadt.

Ein Wochenende auf Rhodos ist Urlaub für Geist und Sinne. Die Insel bereitet sich auf den alljährlichen Touristenansturm vor. Die Marina – ein Yachthafen ist inzwischen fertig und lockt Segler und Yachtbesitzer an. Kreuzfahrer bringen schubweise Touristenscharen. Die Bürokratie, zum Beispiel, um ein Geschäft zu eröffnen, wurde abgebaut und die Grunderwerbssteuer von zehn auf drei Prozent gesenkt. Das macht Immobilienkäufe günstiger. Am Flughafen werden die Charterflieger-Schilder in Position gebracht. Massentourismus ist für Rhodos keine Lösung, aber ein Weg, um seine Marke bekannt zu machen, um ein europäischer Sehnsuchtsort zu werden – mit einem eigenen Aroma wie Sylt, Mallorca oder Tirol – von allem etwas und in der Kombination unschlagbar.

In der Altstadt fühlt man sich in andere Zeiten versetzt.

Kapitel 3

Evlogimeno –
die gesegnete Insel
oder: Wie bin ich
eigentlich auf die Idee
gekommen?

Griechenland ist sehr reich. Mit hunderten Inseln und über 300 Tagen Sonne im Jahr, auf Ferieninseln wie Rhodos, Kreta, Korfu und Mykonos, sowie mit Millionen von Touristen – 2016 waren es über 27 Millionen. Trotzdem kämpft Hellas in den letzten Jahren mit einer der heftigsten Wirtschaftskrisen, die einem europäischen Land seit dem Zweiten Weltkrieg widerfahren ist. Die Frage habe ich extrem oft gehört: Wie bin ich eigentlich auf die Idee gekommen, mitten in dieser griechischen Schuldenkrise ein Immobilien-Maklerbüro auf der Insel Rhodos zu eröffnen? Um das zu verstehen, steige ich mitten in die Geschichte ein: Wir schreiben den 14. März 2010. Ich habe vor wenigen Wochen mein erstes Maklerbüro auf der Ferieninsel Rhodos eröffnet:

Ein entfernter griechischer Bekannter fährt mit seinem neuen Auto vor meinem Immobilienbüro in Rhodos-Stadt vor. Er steigt aus und stürmt in unseren Shop: „Du willst jetzt also auch unser letztes Hab und Gut verkaufen? Unsere besten Grundstücke auf unserer Urlaubsinsel?" Mein Landsmann wartete keine Antwort ab, sondern fügte hinzu: „Hast Du den Auftrag von Angela Merkel? Du willst den Ausverkauf unterstützen, du Deutscher!" Für den älteren Herren ist damit der Auftritt beendet. Ohne Abschiedsgruß verlässt er schnaufend

Rhodos spart nicht mit üppigem Grün.

meinen Immobilienshop, steigt in seinen glänzenden Mercedes und braust davon.

Diese Anekdote zeigt den Zwiespalt einer europäischen Generation, die von offenen Grenzen und einem europäischen Binnenmarkt profitiert, sich aber oft mit kulturellen Unterschieden, ökonomischen Zwängen schwer tut. Diese Geschichte ist die eines Auswandererkindes. In Stuttgart geboren und aufgewachsen und erfolgreich eine erste Firma gegründet – ein Beispiel für einen europäischen Lebenslauf im Strudel der Eurokrise. Ein erfolgreicher Logistik-Unternehmer aus Stuttgart mit Wurzeln auf Rhodos, der alles auf eine Karte setzt und ein Immobilienunternehmen auf der Urlaubsinsel gründet. Vielleicht mit einer besondere Gabe: Mit Mut?

Georg Petras: **Let's Go Hellas**

Als ich mein Büro eröffne, nur wenige Tage nachdem die damalige Regierung unter Papandreou Griechenland für pleite erklärt, haben mich sogar einige meiner Freunde für verrückt gehalten." Mit schwäbischen Tugenden träume ich von einem florierenden Immobilien-Unternehmen unter der Lizenz von Engel & Völkers. Ich beschäftige knapp zehn Mitarbeiter und fahre erste Gewinne ein – mitten in Griechenland – mitten in der Krise – gebeutelt von Generalstreiks und Kapitalverkehrskontrollen. Dabei ging es nicht darum, das schnelle Geld zu verdienen. Obwohl wir in den Krisenjahren sogar gute Immobilienverkäufe auf den Weg gebracht haben, weil durch die Medienpräsenz Griechenlands auch mehr Kaufinteressenten zu uns gefunden hatten, ging es mir persönlich um sehr viel mehr.

Kato Petres: reizende Landschaft und ideales Klima … wie überall

Es muss kein Zwiespalt sein, wenn man in Deutschland „der Grieche" und in Griechenland „der Deutsche" ist. Das ist sogar ein Vorteil bei Verkaufsverhandlungen. Ich verstehe beide Kulturen. Und: Die beiden Mentalitäten sind sich sogar näher als viele vermuten oder glauben möchten. Die Mittel- und Nordeuropäer sehnen sich doch geradezu nach der mediterranen Mentalität, der Gelassenheit und der Gastfreundschaft.

Ich weiß noch genau, wie es war, als ich über die Insel fuhr – das war im Jahr 2008 –, zwei Jahre bevor ich mein eigenes Maklerbüro eröffnete. Ich sprach mit Maklerkollegen über mögliche Kooperationen. Ich stieß auf wenig Interesse. „Es gibt keinen Platz mehr auf Rhodos für einen weiteren Makler", gaben mir meine Kollegen und ein Bauträger sogar 2009 noch zu verstehen. Ich war von dem Gegenteil überzeugt. Jetzt erst recht, dachte ich mir. Schließlich sah ich die Touristen Jahr für Jahr kommen. Aufgrund der unsicheren Situation in Nordafrika kamen immer mehr und: Viele kamen, um zu bleiben. Sie suchten Ferienhäuser. Nicht nur Deutsche. Österreicher, Schweizer, Belgier und andere Nordeuropäer waren auf der Suche nach einem Platz an der Sonne. Sie alle haben die griechischen Ferieninseln lieben gelernt und träumen von einem Ferienhaus oder einer Immobilie für den Ruhestand. Zudem war ich überzeugt, dass ein seriös und professionell arbeitendes Immobilien-Unternehmen sehr wohl noch Platz hatte auf der Insel. Meine eher negativen persönlichen Erfahrungen bei Besichtigungen von Immobilien auf Rhodos in Verbindung mit meiner Marktrecherche im Jahr 2009 haben dies noch untermauert.

Mit dieser Erkenntnis und meinem Wissen über die Vorzüge

der griechischen Inseln und explizit Rhodos entwickelte sich mein Geschäftsplan: Ich wollte schöne, hochwertige Ferienimmobilien an sonnenhungrige Europäer verkaufen. Damals war ich geschäftsführender Gesellschafter eines florierenden Logistik-Unternehmens in Stuttgart. Es gab keinen Grund, meine Firma zu verkaufen, alles lief viel zu gut. Das dachte ich – bis eines Tages ein seriöses Kaufangebot auf meinen Schreibtisch flatterte. Ein französischer Konzern wollte meinen Betrieb haben. Wir wurden uns nach vielen Verhandlungen einig. Ich verkaufte, blieb noch ein Jahr Geschäftsführer für Gesamt-Deutschland. Der Drang, wieder etwas Neues auf die Beine zu stellen, etwas zu bewegen, war einfach zu stark. Ich stieg aus, um im Juni 2009 meinen Lizenzvertrag mit dem Maklerunternehmen Engel & Völkers zu unterschreiben.

Ein neues Abenteuer, nun in einem, geschäftlich betrachtet, völlig unbekannten Land. Ich hätte es so einfach haben können … konnte es aber nicht lassen, etwas Neues aufzubauen …

Nur wenig später eröffnete ich mein Büro in Rhodos-Stadt mit einer großen Party in einer spektakulären Location mit Gästen aus dem In- und Ausland. Da waren bereits einige Bedenkenträger im Raum. Doch dass sich aus der Verschuldung Griechenlands eine handfeste Wirtschaftskrise entwickeln würde, ahnte damals noch niemand.

Ironie des Schicksals: Am 14. Februar 2010 erklärte der damalige Regierungschef Papandreou Griechenland für zahlungsunfähig, nur einen Steinwurf von meinem neuen Engel & Völkers-Büro Rhodos entfernt, auf der Insel Kastelorizo. Das Eiland gehört sogar zu meinem Lizenzgebiet.

Viele fragten mich, warum ich denn mein Geld in eine Krise investieren will, wo doch gleichzeitig sehr viele Griechen ihr Geld außer Landes schaffen? Meine Antwort: Die Krise wird nichts ändern an der Begeisterung der Menschen für die Landschaft und das Klima auf Rhodos – für das Meer und für die Sonne.

Das erste hochwertigere Objekt hätte ein Volltreffer werden können: Ein Deutscher suchte ein Haus auf Rhodos. Ich fand eines für ihn, und er wollte es für 600.000 Euro kaufen. Einziges Hindernis: Damals brauchten selbst Käufer aus dem EU-Ausland eine blaue Berechtigungskarte, um Haus und Grund auf der Insel zu erwerben. Doch die Karten waren vergriffen, weil der Staat die Bundesdruckerei nicht bezahlt hatte. Der Käufer wurde skeptisch. Der Deal scheiterte. Der Kunde trat von seinem Kauf zurück. Jetzt wurde auch ich skeptisch. Doch bei einem Besuch im Oktober 2010 in der Zentrale in Hamburg nahmen mir die Kollegen von Engel & Völkers alle Bedenken. Denn die Aufbauarbeit lief bestens, während sich die Schuldenkrise in Athen ausweitete. Ich stellte Mitarbeiter ein, Engel & Völkers schulte uns. Ich erfülle alle Benchmarks. Die PR-Arbeit läuft bestens, Werbung sorgt für Nachfrage, Marketingkampagnen fruchten, und ich beginne mit konkreter Medienarbeit. Ich eröffne sogar einen zweiten Shop im Süden der Insel, um für die kommenden Jahre gerüstet zu sein. Im Winter/Frühjahr 2011 kommt dann die erste Durststrecke: Die Regierung ruft Neuwahlen aus und alle warten auf den Termin. Bis dahin schweigen unsere Telefone. Nur Schnäppchenjäger mit unrealistischen Vorstellungen rufen an.

Ich behalte weiter die Nerven. Ich harre bis zum Wahltag aus

Türkische Vergangenheit: Auf dem Weg zur Süleyman-Pascha-Moschee

und mache mich daraufhin wieder an die Arbeit – und schiebe wieder Werbung und Marketing an. Erste Zeitungsartikel erscheinen in großen deutschsprachigen überregionalen Tageszeitungen. Und es kommen Interessenten! Sie interessieren sich für Neubauten mit Meerblick und für Villen mit Garten und Pool. Dennoch schreckten die Negativ-Schlagzeilen viele ab.

Doch die „Saure-Gurken-Zeit" sollte noch ein paar Jahre dauern. Das Jahr 2011 brachte kaum Umsätze, fast nur Rückschläge. Ein Beispiel: Ein Interessent aus Tschechien kündigte sich in den eher ruhigen Wintermonaten für eine Besichtigung an. Er wollte sich zügig entscheiden, wie er am Telefon sagte. Als er landen sollte, zog ein Gewitter über die Insel und sein Flieger erhielt keine Landeerlaubnis. Das Flugzeug kehrte nach Athen zurück, teilte er uns in einem knappen Telefonat mit. Er kam nicht mehr. Die Enttäuschung über diesen unverschuldet vermasselten Deal bin ich bis heute nicht losgeworden. Da war dieses Gefühl, dass nun selbst das Wetter gegen uns arbeitet, man war so hilflos.

Die Jahre bis zum Frühjahr 2015 stellen eine stetig wachsende Anspannung dar. Dieses Szenario, wie es denn nun weitergeht, wiederholte sich alle drei Monate. Entweder wackelte ein Politiker und es standen Neuwahlen an oder die TROIKA war im Land und wir mussten zittern, ob die Freigabe für die nächste Kredittranche genehmigt wird. Ein ganzes Volk wurde müde, kraftlos und bekam fremdgesteuert das Gefühl, nur noch ein Volk zweiter Klasse zu sein. Einige Familien mussten ihre Kinder in Heime geben, da sie weder Geld für Ausbildung noch für Essen hatten. Und das passierte mitten in Europa, ich schämte mich dafür.

Die Regierung Tsipras mit Finanzminister Janis Varoufakis setzt Kontrapunkte und erweckt Hoffnungen. Doch alles eskaliert 2015 und gipfelt in einem medienwirksamen Rücktritt des umstrittenen Ökonomen auf einem Motorrad. Begleitet wird das griechische Drama von einem lauten Echo in fast allen großen europäischen Zeitungen. Doch das Krisenszenario in Hellas verblasst und verschwindet plötzlich von den Titelseiten. Die Griechenland-Schelte verstummt, weil eine der größten Flüchtlingswellen in Europa anschwillt und ungebremst Richtung Deutschland und Skandinavien schwappt.

In dieser Phase, die eher ein Wechselbad der Gefühle war, melden sich viele bekannte Persönlichkeiten bei mir, um sich ein Haus auf Rhodos zu kaufen. Doch von Tratsch und Klatsch sehe ich grundsätzlich ab. Meine Kunden vertrauen mir. Das bin ich ihnen schuldig. Auch wenn ich regelmäßig mit der Presse spreche – über Kunden erfahren sie nichts. Dafür umso mehr über die Immobilien, um die es geht, über diese Trauminsel, die mit so vielen Dingen gesegnet ist – wie es die Rhodier selbst sagen: Wir leben im Paradies: Sonne – Meer und Grundwasser – eben „evlogimeno" – gesegnet. Andere europäische Inseln haben nicht genug Grundwasser und die Ferienimmobilien müssen oftmals mit Lkw und Wassertanks versorgt werden. Deshalb ist auf Rhodos das Kaufen interessant und durch das von den Italienern eingeführte Grundbuch- und Katasterwesen genauso sicher wie beispielsweise in Deutschland. Viele Kunden hören auf mich, wenn ich sage: Warten Sie nicht mit dem Kauf einer Ferienimmobilie auf Rhodos – kaufen Sie jetzt und warten Sie! Investoren wissen sehr genau, was ich damit meine.

Kapitel 4

Warum tust Du Dir das an?

Georg Petras: **Let's Go Hellas**

„Sie waren zum falschen Zeitpunkt am falschen Ort". Und während zwei Kunden aus der Schweiz dieses Fazit ziehen, nachdem ich von den vergangenen Jahren erzählt hatte, halten sie plötzlich inne: „Oder vielleicht ist es auch genau entgegengesetzt? Vielleicht waren Sie genau zum richtigen Zeitpunkt am richtigen Ort?" Sie schauen mich fragend an. „Das werden wir in ein paar Jahren wissen", antworte ich. Oft hörte ich meine innere Stimme fragen: „Warum tust Du Dir das an?" Richtig beantworten konnte ich das nicht. Aber da war dieses Bauchgefühl, was mir sagte, dass sich das Land in den nächsten Jahren überdurchschnittlich entwickeln wird. Und wer dann etabliert ist, wird überdurchschnittlich profitieren. So oder so: Das Ehepaar aus der Schweiz will sich ihren Lebenstraum erfüllen – ein Haus auf Rhodos.

Auf dem Weg zum Treffpunkt gehen mir viele Gedanken durch den Kopf: Wann wird es aufwärts gehen? 2015 beginnt, wie von mir erwartet. Die Wahlen am 25. Januar sind ohne Überraschungen über die Bühne gegangen, die Prognosen hatten bereits Alexis Tsipras als Sieger erwartet, und ich bin entspannt, da alle wissen, dass sich, trotz der großen

Ankündigungen von ihm nichts ändert – die EU ist am Steuer. Der eine oder andere Grieche hofft, dass Alexis Tsipras zumindest ein oder zwei der vielen Versprechen im Wahlkampf durchsetzt, das wäre bereits ein Erfolg. So reagieren auch meine Kunden. Sie kommen, besichtigen und kaufen – und das bereits im März, in der Vorsaison.

Wir haben es geschafft, oder? Auf jeden Fall, so glaube ich, liegt das Schlimmste hinter uns. Der Anruf im Februar 2015 aus der Schweiz deutet das bereits an. Ich höre noch die Stimme vom Bianca Schröder: „Herr Petras, wir müssen dieses Haus unbedingt sehen!" – dass es dann so schnell gehen würde, hätte selbst ich nicht gedacht.

Noch am Vormittag dieses frischen, aber sonnigen Märztages zeige ich dem sympathischen Paar ein Anwesen bei Lachania. Drei Zimmer verteilen sich hier auf 130 Quadratmeter, eine Wohnküche dominiert den Wohnraum mit Kamin. Panoramafenster öffnen den Blick in die Landschaft bis zum Meer. Mehrere Terrassen umschließen das 2007 im traditionellen Stil errichtete Domizil.

Die Lage? Ein Traum, mit einem fast lückenlosen Rundumblick auf das Meer, den Horizont und eine Hügellandschaft im Rücken des Betrachters. Lavendelblüten, Anemonen, Olivenbäume und Oregano-Sträucher säumen das 14.000 Quadratmeter große Grundstück. Der Traum hat seinen Preis: Einen hohen sechsstelligen Betrag will die Besitzerin, eine Engländerin, für ihr Anwesen haben. Von Krise also keine Spur?

Auch die Insel Symi, eine Perle der Ägäis,
gehört zum Aufgabenbereich des Makler-Teams.

Auf der Dachterrasse erkläre ich, bis wohin das Grundstück reicht: „Dort, wo der Hügel abfällt und in eine Wiese mündet, ist die Grenze. Sonnenkollektoren machen das Haus unabhängig von der allgemeinen Stromversorgung."

So wie die beiden knapp fünfzigjährigen Mediziner aus der Schweiz spielen viele Nordeuropäer mit dem Gedanken, ihr Geld in ein Feriendomizil im Südosten Europas zu stecken.

Griechenland steht bei vielen ganz oben auf der Wunsch-
liste, trotz oder gerade wegen der Wirtschaftskrise.

Der Grund ist zum einen das gute Klima. Aber auch die im
internationalen Vergleich günstigen Preise locken immer
mehr Kaufinteressenten auf die Kykladen, die Peloponnes
und vor allem nach Rhodos. Während der Krise purzelten
auf dem Festland die Preise um bis zu 50 Prozent. Auf den
Inseln gab es weniger Preisnachlässe – 2012 waren es um die
20 Prozent für Ferienimmobilien.
Zum Jahresbeginn 2014 hat die Regierung in Athen zudem
die Grunderwerbssteuer von zehn auf drei Prozent gesenkt –
eine Maßnahme, um den Häusermarkt zu reanimieren.
Kaum irgendwo in Europa müssen Käufer dem Staat weniger
abgeben.

Ankünfte von Gästen aus Deutschland

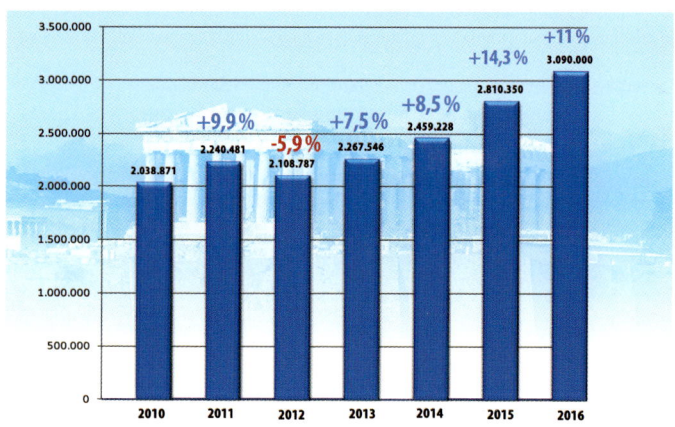

Quelle: SETE, ELSTAT u. a.

Georg Petras: **Let's Go Hellas**

Symi verfügt auch über einen der schönsten Naturhäfen Europas.

Und auch im Sommer des Schicksalsjahres 2015 – ein Schick-salssommer für uns Griechen – suchen die Nordeuropäer Sonne und Sicherheit. Und genau das finden sie auf dem sonnenverwöhnten Rhodos, das noch dazu über ein Katas-teramt nach deutschem Vorbild verfügt.

Den Schröders vom Vierwaldstättersee muss ich solche Feinheiten nicht mehr erklären. Sie sind seit über 20 Jah-ren in Hellas unterwegs. Bianca Schröder hat sich zuhause auch nach Risiken eines Investments erkundigt: „Freunde warnen uns zwar vor der politisch und wirtschaftlich un-sicheren Lage in Griechenland. Aber wir lieben nun mal die

Kultur, die Menschen hier, und wir schätzen die griechische Gastfreundschaft."

Mein Handy klingelt: „Georg, Tsipras und Varoufakis meinen es ernst, sie suchen den Bruch mit den Geldgebern, es ist kurz vor zwölf!" Die Stimme meines Bekannten, ein Architekt, klingt sehr besorgt: „Dieses Land befindet sich in einer Schockstarre. Keiner weiß, wie es weitergeht. Wenn es so weitergeht, dann können wir alle einpacken!" Mit Blick auf meine Kunden vertröste ich meinen Kollegen: „Lass uns später einen Kaffee trinken", raune ich ins Handy und zu den Schröders: „Wir haben uns jetzt aber eine Pause verdient, oder?"

Georg Petras: **Let's Go Hellas**

Später im Strandrestaurant schmiedet das Paar über Lamm-koteletts Zukunftspläne für ihre Villa auf Rhodos. Ich denke an die Worte meines Freundes.

Dieses Jahr 2015 ist gefühlt bereits vor dem Sommer eines der längsten und zähesten, die ich je auf der Insel erlebt habe. Mein Freund hat recht. Die Verhandlungen um Reformen zwischen der EU und der Regierung Tsipras, die wir täglich in den Nachrichten verfolgen, machen das ganze Land mürbe. Jeden Morgen lese ich zuerst meine deutsche Tageszeitung, die ich elektronisch abonniert habe, genauso studiere ich die griechischen Medien, um mir dann ein eigenes

Bild machen zu können. Bei entscheidenden Parlaments-sitzungen in der Nacht stehe ich auf und verfolge den Live-Ticker. Solche Diskussionen im Parlament dauern in Athen oftmals bis weit nach Mitternacht. Irgendwann bin ich so zermürbt von den verfälschten Schlagzeilen der Medien, dass ich sogar meine Tageszeitung abbestelle. Als Tsipras ein Referendum ankündigt, erstarrt ein ganzes Land. Was nun? Ist der Optimismus des Frühjahrs wieder verbraucht?

Ich kann nachts nicht mehr schlafen, bin nur am Nachdenken, wie ich Probleme löse, wie es weitergeht, schwer wiegt meine Verantwortung gegenüber meinem Lizenzgeber Engel & Völkers, gegenüber meinen Mitarbeitern, gegenüber meinen Kunden, die mir immer noch vertrauen. Aber ich werde auch wütender und das Jetzt-erst-recht-Denken des Unternehmers in mir wird immer stärker.

„Es liegt jetzt an uns, was wir aus dieser Krise machen", höre ich mich sagen. Die Schröders schauen erstaunt von ihrer To-do-Liste auf. „Es muss weiter gehen", sage ich laut – ohne selbst genau zu wissen, wie.

Krise hin oder her – die Schröders kaufen, vergrößern ihr Traumhaus um ein Stockwerk und lassen einen Pool an-legen. Dafür suchen und finden sie einen Architekten, der das Projekt begleitet. Weder Skeptiker noch Bedenkenträger haben die Schröders von ihrem Ziel abhalten können. Auch ich bin gegen diese Unkenrufe immun. Weder Freunde, Bekannte, Griechen noch Deutsche konnten mich stoppen. Ich gehe weiter!

Villa Elafina: Blick in die Landschaft und bis zum Meer

Für die Schröders geht ein Traum in Erfüllung. Interessant: Nur ein Jahr später hat der Traum einen Namen: *Villa Elafina* heißt das „Häuschen" der Schröders auf Rhodos. Die Ferienoase ist unter https://villa-elafina.com sogar zu mieten. Mein Geheimtipp.

Chronologie
der Krise

September 2009 bis März 2015

September 2009: Premierminister Kostas Karamanlis von der konservativen Partei Nea Dimokratia kündigt unter dem Druck der sich anbahnenden Wirtschaftskrise vorgezogene Neuwahlen an.

Oktober 2009: Aus den Parlamentswahlen geht die sozialistische PASOK-Partei mit knapp 44 Prozent der Stimmen als Sieger hervor.

Februar 2010: Mit einem ersten Maßnahmenpaket der Regierung gegen eine Rezession werden die Treibstoffpreise erhöht.

Im Februar 2010 eröffnet Georg Petras in Rhodos-Stadt seinen ersten Immobilienshop mit der Lizenz von Engel & Völkers.

April 2010: Auf der Insel Kastelorizo, einer Nachbarinsel von Rhodos, kündigt Premierminister Giorgos Papandreou an, dass Griechenland unter den Rettungsschirm der Europäischen Union, der Europäischen Zentralbank und des Internationalen Währungsfonds (später als Troika bekannt) schlüpfen muss.

Mai 2010: Das erste Spar- und Reformpaket tritt in Kraft: 20 Milliarden Euro sollen weniger ausgeben werden, weitere zehn Milliarden weniger für die kommenden Jahre. Daraufhin wird ein Kredit von 80 Milliarden Euro beantragt. Weitere Kredite folgen.

Mai 2012 erneut vorgezogene Neuwahlen in Athen.

November 2012: Eine neue Regierung unter Antonis Samaras (Nea Dimokratia) wird vereidigt.

November 2013: Ratingagenturen stufen die Kreditwürdigkeit Griechenlands von C auf Caa3 herab.

2014

Februar 2014: Die Arbeitslosigkeit in Griechenland erreicht mit 28 Prozent einen neuen Rekord.

Mai 2014: Aus den Europawahlen geht das Bündnis der Radikalen Linken SYRIZA erstmals als stärkste Partei hervor (26,56 Prozent). Oppositionsführer Alexis Tsipras (SYRIZA) fordert Neuwahlen.

Juni 2014: Ministerpräsident Antonis Samaras (ND) bildet seine Regierung um. Juniorpartner bleibt weiterhin die PASOK unter Evangelos Venizelos.

Oktober 2014: Vertrauensvotum für die Regierung Samaras/Venizelos mit 155 (von 300) Stimmen. Seine Regierung werde die Legislaturperiode voll bis zum Jahre 2016 ausschöpfen, so der Premier.

Georg Petras: **Let's Go Hellas**

Arbeitlosigkeit
(in % der arbeitsfähigen Bevölkerung)

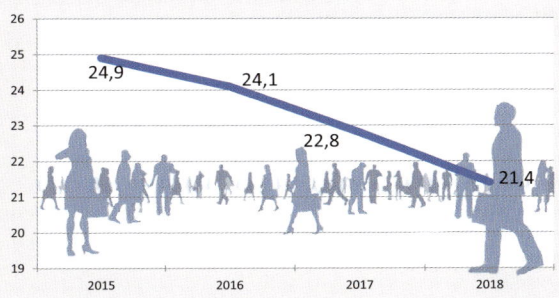

24,9   24,1   22,8   21,4

2015   2016   2017   2018

Ende Oktober 2014: Beim EU-Gipfel in Brüssel kommt Sama-ras mit seinen Plänen, den Rettungsschirm vorzeitig zu ver-lassen, nicht durch.

November 2014: Unstimmigkeiten mit der Troika wegen man-gelnder Umsetzung von Reformen. Die Auszahlung einer Kreditrate von 7,2 Mrd. Euro wird – bereits seit Juli – zu-rückgehalten.

Die Statistikbehörde ELSTAT kündigt an, dass Griechenland nach sechs Jahren Rezession 2014 erstmals wieder Wachstum

vorweisen kann: + 0,8 Prozent (1. Quartal), + 0,3 Prozent (2. Quartal) und + 0,7 Prozent (3. Quartal).

Ende November 2014: Generalstreik der Gewerkschaften gegen die Spar- und Sozialpolitik.

Dezember 2014: Die EU räumt der Regierung zwei weitere Monate ein, bis Ende Februar 2015, um die Bewertung des Reformprogramms abzuschließen – Voraussetzung für weitere Kreditzahlungen.

Die Athener Börse sackt nach der Nachricht über vorgezogene Präsidentschaftswahlen innerhalb von vier Tagen um 20 Prozent ab.

Ende Dezember 2014: Der Kandidat der Regierungskoalition aus ND und PASOK, Stavros Dimas, kann auch in der dritten Runde nicht die von der Verfassung vorgeschriebene Drei-Fünftel-Mehrheit erreichen.

2015

Ende Januar: Aus den vorverlegten Parlamentswahlen geht SY-
RIZA als stärkste Partei hervor (36,34 Prozent; 149 Sitze). Es wird
eine Koalitionsregierung aus SYRIZA und der rechtspopulisti-
schen ANEL gebildet.

Februar 2015: Regierungserklärung des neuen Ministerprä-
sidenten Alexis Tsipras. Er stellt ein Ende der Sparpolitik, der
Troika sowie Maßnahmen zur Stützung der sozial Schwachen
und einen Privatisierungsstopp in Aussicht. Außerdem will
er Deutschland mit der Reparationsfrage und jener des Besat-
zungskredits konfrontieren, der Griechenland im Zweiten Weltkrieg abgepresst worden war. An der Sitzung der Eurogruppe
in Brüssel nimmt erstmals der neue Finanzminister Janis Varoufakis teil. Ein gemeinsames Abschlusskommuniqué scheitert
im letzten Moment. Thema: sechsmonatiges Überbrückungs-
programm.

Ende Februar 2015: Wahl von Prokopis Pavlopoulos (ND) zum
neuen Staatspräsidenten. Er war der Kandidat der Koalitionsregierung aus SYRIZA und ANEL und erhielt 233 der 300 Abge-
ordnetenstimmen.

März 2015: Beginn der Gespräche zwischen Athen und der Exper-
tengruppe (Brussels-Group) der „Institutionen", früher als Troi
ka bezeichnet. Treffen von Alexis Tsipras in Brüssel mit Kommis-
sionschef Jean Claude Juncker. Letzterer spricht davon, dass er in
der griechischen Frage „keinen großen Fortschritt" sehe.

Kapitel 5

Die Rolle
der Medien

Georg Petras: **Let's Go Hellas**

„Leben wie Gott in Hellas". So lautet eine der vielen Schlagzeilen, auf die sich Corinna Jessen im Frühjahr 2012 bei mir meldete. Sollte das tatsächlich alles stimmen, was in der Presse über Rhodos, den Immobilienmarkt und mich geschrieben wird? Dann wollte Jessens Kollegin Antje Pieper vom ZDF, damals noch Korrespondentin für Griechenland und Italien, nach Rhodos reisen, um über die Situation zu berichten. Kurze Zeit später war das ZDF-Team bei mir, wir waren auf Rhodos und der Nachbarinsel Symi unterwegs und nur wenige Tage später wurde der Beitrag in den heute-Nachrichten zu verschiedenen Tageszeiten ausgestrahlt. Weitere Dreharbeiten über Ferienimmobilien auf Rhodos für „Mona Lisa" und das „Auslandsjournal" folgten. Corinna Jessen war sofort bereit, speziell als eine in Griechenland lebende Deutsche ihre Sicht zur Situation der vergangenen Jahre zu schildern:

Das Interview führte Co-Autorin Anja Steinbuch im April 2016.

Frau Jessen, was hat sich für Sie durch die Euro-Schuldenkrise verändert?

Zunächst der Arbeitsaufwand – wir bedienen im Grunde seit 2010 eine nicht enden wollende monothematische

Sondersendung – wobei das Thema Schuldenkrise zusätzlich um das Thema Flüchtlingskrise erweitert worden ist.

Medien springen ja immer stärker nur noch auf das „Topthema" an, auf den „Hype". Das hat sich auch im Fall der Schuldenkrise auf die Arbeitsweise ausgewirkt. Wo früher Zeit und Interesse bestand, einzelne Themen gut zu recherchieren und vorzubereiten, hat die Aktualität um die Krise uns oft in einen Sog gezogen, in dem von jetzt auf gleich Beispiele dafür gefunden werden mussten – zum Beispiel, wie sich Sparmaßnahmen auf die griechischen Bürger auswirken. Da hatte man dann oft keine Zeit, etwas mehr in die Tiefe zu gehen. Manchmal war es wohl wirklich so, dass die Quantität der Krisenbeiträge sich nicht immer positiv auf die Qualität ausgewirkt hat. Statt neuer Aspekte wurden dann eher die immer gleichen – teils vorgefassten – Meinungen reproduziert. Vor diesem Hintergrund waren die Dreharbeiten mit Georg Petras auf Rhodos eine angenehme Abwechslung: Zum einen zeigten die Bilder von Ferienimmobilien auf einer griechischen Insel einfach mal wieder eine positive Seite des Landes und zum anderen hat Herr Petras uns mehrmals sehr professionell und eingehend an das Thema herangeführt, alles wunderbar organisiert und uns damit ein Stück fast schon vergessener Arbeitsweise zurück gegeben.

Wie hat sich Ihr Umfeld, wie haben sich Ihre Kollegen verändert?

Die Kollegen „leiden" unter der gleichen Arbeitsbelastung – man trifft sich sehr viel weniger, geht nur noch zu Pressekonferenzen, wenn sie direkt etwas mit dem Thema

Georg Petras mit der Journalistin Corinna Jessen

Wirtschaftskrise oder nun Flüchtlingen zu tun haben. Die ständige Negativberichterstattung hat sich auch auf das Gemüt gelegt – wo man früher unter Kollegen Spaß an politischen Diskussionen hatte, macht sich heute eher Ratlosigkeit oder sogar Hoffnungslosigkeit breit.

Allerdings sind wir als Journalisten ja zumindest nicht von Arbeitslosigkeit bedroht – im Gegenteil, manchmal habe ich mich angesichts der vielen Aufträge ein wenig wie ein Krisengewinnler gefühlt. Natürlich müssen auch wir mehr Steuern zahlen, aber im Vergleich zu vielen Freunden und Bekannten kann ich nicht klagen. Aber zu sehen, wie Freunde und Bekannte sich immer mehr aus gemeinsamen Aktivitäten zurückziehen, weil sie keine Mittel mehr dazu haben, tut weh. Einfach mal essen, ins Theater oder ins Kino zu gehen oder auch mal gemeinsam Ausflüge zu machen oder zu verreisen, ist bei vielen Menschen in meinem Umfeld nicht mehr möglich. Und es sind die typischen Vertreter einer gebildeten Mittelschicht und damit diejenigen, die Zukunft gestalten könnten, denen es so geht.

Welchen Anteil hat Ihrer Meinung nach die Medienlandschaft an der Entwicklung der Euro-Schuldenkrise in Griechenland? Und welche Rolle spielen die deutschen Medien sowie die griechische und die internationale Presse?

Ich denke, dass besonders zu Anfang der Krise Medienberichte mit dazu beigetragen haben, die Lage zu verschlimmern. Man konnte ziemlich genau verfolgen, wie die spreads nach Katastrophenberichten in die Höhe kletterten. Gepaart mit der anfänglichen Untätigkeit der europäischen Politik hat das den Weg in den Staatsbankrott jedenfalls beschleunigt. Ganz besonders fatal war dann die ewige Wiederholung der Grexit-Diskussion in den Medien, die so weit ging, dass wir regelmäßig damit beauftragt wurden, doch zu recherchieren, wie weit man mit dem Drucken von Drachmen-Scheinen in Athen sei. Die cross-medial beschworene Gefahr des Euro-Austritts hat ganz sicher nicht dazu beigetragen, dringend benötige Investitionen ins Land zu holen.

Einige deutsche Zeitungen haben dann eine anti-griechische Stimmung geschürt. Wir kennen alle die Verunglimpfungen bestimmter Massenblätter, die ein ganzes Volk als genetisch bedingt faul und betrügerisch bezeichnet haben. Allgemein gab es eine vorgefasste Negativmeinung über alles, was in Griechenland geschah, und sehr viele Berichte waren eher wertend als konstatierend. Das hat es auch in den seriöseren Medien zu dieser Zeit sehr schwer gemacht, Strukturen und deren Ursachen zu erklären, die hinter den Mängeln, Schwächen und Versäumnissen der griechischen Politik und Gesellschaft stehen. Selbstverständlich gibt es diese Mängel und sie sind gravierend und sie müssen genannt werden – schließlich sind sie zu einem erheblichen Teil mit dafür verantwortlich, dass das Land so tief in die Krise geraten ist. Nur wurde und wird leider gerade in deutschen Medien oft mehr moralisiert als analysiert, wie Paul Krugmann das so schön ausgedrückt hat.

Auch in Griechenland waren die Retourkutschen auf deutsche Medienattacken, aber auch die Reaktionen auf die verordnete Sparpolitik keinesfalls immer objektiv. Dass Deutschland pauschal und allein für die Krise, für harte Maßnahmen und die Auswirkungen verantwortlich gemacht, Merkel und Schäuble als Nazis verunglimpft wurden, hat die Stimmung weiter aufgeheizt. Wir haben das als Team im Auftrag eines deutschen Fernsehsenders oft zu spüren bekommen und konnten als griechische Crew manchmal erst im längeren Gespräch Aggressionen abbauen und Zugang zu den Menschen gewinnen.

Natürlich gab und gibt es sowohl in den deutschen wie in den griechischen Medien auch viele besonnene, selbstkritische und analytische Stimmen. Die oben beschriebene aufgeheizte Stimmung hat es diesen Stimmen nur leider sehr viel schwerer gemacht, die Ursachen der Krise und auch die Wirkungen der Sparpolitik der Öffentlichkeit wirklich verständlich zu machen. Beispielsweise gab es auf deutscher Seite eine Zeit, in der Experten kaum gehört, Berichte als parteiisch weggewischt wurden, die davor warnten, dass sich Griechenland kaputt sparen würde. Und obwohl das inzwischen deutlich sichtbar geworden ist, bleibt die mediale Suche nach Alternativen eher dürftig.

Eine sehr hilfreiche Vermittlerrolle haben bei unserer Berichterstattung immer wieder Protagonisten wie Georg Petras gespielt. Der deutsche Zuschauer hat erst einmal einen ganz anderen Zugang zu den Schilderungen und Aussagen eines muttersprachlich schwäbisch sprechenden Griechen als zu einem seiner Landsleute, der von dem jeweiligen Reporter übersetzt gesendet wird. Aber vor allem natürlich inhaltlich haben Menschen wie Georg Petras die Möglichkeit, Positives und Negatives auf beiden Seiten sowohl „von innen" wie „von außen" zu sehen. Es ist diese doppelte Sichtweise, die einer ausgewogenen Berichterstattung sehr zu Gute kommt.

Gibt es ein Ereignis, das Sie besonders in Erinnerung behalten haben, warum, und was hat sich dadurch für Sie verändert?

Ein einzelnes Ereignis kann ich nicht nennen. Es waren viele Momente, in denen ich betroffen war, erkennen musste, wie sehr sich Griechenland verändert hat. Ganz besonders erschütternd fand ich immer wieder die Situation vieler Arbeitsloser, die noch nicht einmal mehr versichert sind. Familien, die ihre Kinder nur noch in Sozialpraxen behandeln lassen können, sind eine Schande für das ganze reiche Europa. Das Wegbrechen der Mittelschicht und damit der innovativen Zukunftsentwürfe ist deprimierend und an jeder Ecke spürbar. Athen ist nicht mehr die lebensbejahende, entspannte und fröhliche Stadt, als die ich es einst empfunden habe.

Auf der anderen Seite habe ich während der Krisenjahre viele beeindruckende Formen der Solidarität, Hilfe und Selbsthilfe kennen gelernt: Projekte, Aktionen und Bewegungen, die es so in Griechenland vorher nicht gegeben hatte.

Und was immer noch und immer wieder Mut macht: Wenn es irgendwie geht, arrangiert man sich in Griechenland mit den Gegebenheiten, versucht, das Beste daraus zu machen, sich nicht unterkriegen zu lassen und schafft es trotz allem, Freude an den kleinen Dingen zu haben, Momente der Lebensfreude zu schaffen und zu genießen. Besonders außerhalb Athens und der großen Städte, zum Beispiel auf den Inseln, erlebt man das intensiv.

Georg Petras als Gesprächspartner von ZDF-Journalistin Antje Pieper

Kapitel 6

Mein schlimmster Sommer oder: Der Schwarze Montag

Es war ein Schock mit Ankündigung. Ich erinnere mich genau: Am 28. Juni 2015 scheint wie gewohnt die Sonne auf Rhodos. Doch nichts sollte an diesem Tag so sein, wie es einmal war: Am Vormittag des „Schwarzen Montags", einem der Höhepunkte der griechischen Schuldenkrise, melden die Nachrichtenagenturen: „Alle Banken auf dem Festland und auf den griechischen Inseln bleiben vorübergehend geschlossen." Ein Paukenschlag, der dafür sorgt, dass sehr viele Rollläden an diesem Tag nicht nach oben gezogen werden. Bankangestellte bleiben zuhause oder verlassen ihre Schreibtische schnell.

Und ich? Es war, als wäre die Zeit stehen geblieben. Es wurde still. Ich erinnere mich, dass ich in meinem Büro sitze und meinen Kopf in meine Hände sinken ließ. So muss ich etwa 15 Minuten gesessen haben. Es war mehr als ein Gefühl der Erschöpfung, das mich ergriffen hatte. Wie sollte es weitergehen? Wie kann es jetzt weitergehen? Warum muss das jetzt passieren? Diese Fragen drehten sich wie in einer Endlosschleife in meinem Kopf. Ich richte mich auf und gehe die drei Schritte aus meinem Büro zu meinen Kollegen im Verkaufsraum. Dort höre ich mich wie in Zeitlupe sagen: „Die Banken sind zu. Wir haben ein massives Problem."

Meine Angestellten sind still, sprachlos. Die Situation hat etwas Gespenstisches. Ich höre mich weiter sagen: „Geht nach Hause zu euren Familien und lasst uns morgen telefonieren, wann wir hier weitermachen. Und: Keine Sorge, das läuft schon bald wieder." Diesen Zweckoptimismus kaufe ich mir in dem Moment nicht wirklich ab. Mir ist klar: Ohne die Banken sind alle meine geplanten Hausverkäufe auf Eis gelegt, wenn nicht sogar beendet – nicht wegen der fehlenden Finanzierungen, die hat es zu diesem Zeitpunkt und auch die Jahre zuvor sowieso nicht gegeben, sondern wegen dieser jetzt eingetretenen Spitze an politischer Unsicherheit, der Eskalation bei den Verhandlungen zwischen der griechischen Regierung und Vertretern der EU.

Mein Handy klingelt. „Und jetzt?", fragt mich der Freund. Er ist ebenso perplex wie ich. Vor einem Monat hatte er geheiratet – eine große Hochzeitsparty gegeben. Sein Vorschlag: „Lass uns nach Stegna fahren, ans Meer etwas essen. Das ist wahrscheinlich das Sinnvollste, was wir jetzt tun können"

Draußen auf der Straße ist es fast so gespenstisch still wie zuvor in meinem Büro. Die Maschinen an einer Baustelle in Rhodos-Stadt stehen still. In den Geschäften der Stadt stehen die Verkäufer – alleine – und schauen aus dem Fenster in eine Parallelwelt: Die Touristen gehen wie jeden Tag mit ihren Strandtaschen in Richtung Meer, lächeln, unterhalten sich und freuen sich auf einen weiteren schönen Urlaubstag auf dieser herrlichen Insel. Und die Griechen? Sie starren an diesem Tag ins Nichts, geschockt von der Situation, von dem zwar befürchteten, aber nie wirklich erwarteten Ist-Zustand. Ein Land in der Schockstarre, nach sieben Wahlen, einer Volksabstimmung, zwölf Rentenkürzungen, mit knapp 30 Prozent Arbeitslosigkeit – bei Jugendlichen sogar 50 Prozent – und unzähligen politischen Rückschlägen. Dies scheint der letzte große Schlag zu sein, der dieses Land in die Knie zwingen würde. „Fühlt sich so das Ende an?", schießt es mir durch den Kopf. Oder ist das ein neuer Anfang?" Wie im Kino ziehen die vergangenen sechs Jahre vor meinem geistigen Auge vorbei. Mein neues Business mit hochwertigen Ferienimmobilien, die Bankrotterklärung des griechischen Staates ein paar Tage nach der Büroeröffnung, der Spott von „Freunden" und „Kollegen", die EU-Rettungsschirme, Staatsschulden, Demos in Athen, schlechte Presse für Griechenland in ganz Europa. Zwischen all dem – wo bleibe ich? Wohin steuern meine Pläne, Träume von einem neuen Griechenland, das modern, europäisch und mit Regeln viele große Chancen wahrnimmt?

Demonstration am Syntagma-Platz vor den Wahlen im Januar 2015

„Alles vorbei!" Der Honorarkonsul der Bundesrepublik auf Rhodos, der auch als Notar arbeitet und unseren Kunden und mir schon bei vielen Hausverkäufen zur Seite gestanden hat, kommt mir auf der Straße entgegen. „Georg, wir sind im Zwangsurlaub", aber er lächelt nicht.

Im Café wird lautstark diskutiert – wie immer unter Griechen –, aber diesmal geht es nicht um die Familie, um Fußball oder Tagespolitik, sondern nur um das eine Thema: Wie soll es weitergehen? Die EU hat uns den Geldhahn zugedreht. Fast alle sind auf Rhodos vom Tourismus abhängig. Die Menschen auf der Insel haben ordentliche Jobs in guten Hotels, Restaurants, Cafés, Boutiquen. Die Arbeitslosigkeit ist verschwindend gering auf der Insel, Jahr für Jahr kommen mehr Touristen. Aber wie lange noch? Kommen die Feriengäste noch, wenn wir wieder mit Drachmen bezahlen? Oh ja, sagt mir meine innere Stimme: Sogar noch viel mehr Touristen werden kommen, da dann Urlaub auf Rhodos günstiger wird. Und Immobilien? Die werden nicht günstiger, viele Interessenten hoffen zwar darauf, allerdings werden dann die Importe der Baumaterialien teurer, die Mehrwertsteuer steigt, und ob dadurch mein Business angefeuert wird? Die Eigentümer von hochwertigen Häusern sind eh meist Ausländer, die nicht verkaufen müssen und warten können.

Mein Freund sagt: „Dann bezahlen wir eben wieder mit der griechischen Drachme – aber bitte jetzt sofort, damit endlich Klarheit herrscht." Ich bin komplett verunsichert und stelle mir die Frage: Ist der Zeitpunkt gekommen zum Aufhören? Oder muss ich jetzt erst recht durchstarten? Ich gehe in mein Büro zurück – zum Telefonieren. Ich will meinem Lizenzgeber Engel & Völkers in der Zentrale in Hamburg mitteilen, was hier los ist. Das alles ist schwer vorstellbar für einen in Deutschland lebenden Menschen. Das Gespräch kommt nicht so recht in Gang: Am anderen Ende der Leitung ist es still. Schließlich hat Engel & Völkers so etwas in seinem knapp 40-jährigen Bestehen noch nie erlebt. Hierfür gibt es selbst in Deutschland kein Dokument oder Formular. „Bleiben sie ruhig und warten Sie ab", lautet der gute Rat aus Hamburg. Das versuche ich an diesem Schwarzen Montag mehr schlecht als recht zu tun, denn das hörte ich ja nicht zum ersten Mal in den vergangenen Jahren.

Und auch den ganzen Sommer über ist oberflächlich kaum ein Zeichen der Krise zu entdecken. Hotels, Restaurants, Geschäfte und Strände sind voll. Trotzdem saß auch ich oft am Nachmittag mit Kollegen am Strand und grübelte. Mein Büro war in dieser Zeit nur von zehn bis zwölf Uhr vormittags geöffnet – wir sind lediglich da, um Mails zu beantworten, selbst Verkäufer sagen uns, dass sie nicht mehr verkaufen wollen, denn: Was sollen sie mit dem Geld machen? Sie können es ja nicht abheben von der Bank. Paradox.

Die mit der Bankenschließung einhergehenden Kapitalverkehrskontrollen verfügen, dass jeder Grieche nur 60 Euro pro Tag abheben darf. Für viele Rentner ist das eine Zumutung, weil sie das Geld brauchen, um Medikamente zu bezahlen. Das Bild von einem alten Mann, der in einer Schlange vor dem Geldautomat zusammengebrochen ist, geht um die Welt. Was jetzt? Ich bleibe bei meiner bewährten Strategie: Ich

behalte die Nerven. Ich harre aus und mache mich daraufhin wieder an die Arbeit – und schiebe wieder Werbung und
Marketing an. Weitere Zeitungsartikel erscheinen in großen
deutschsprachigen, überregionalen Tageszeitungen.

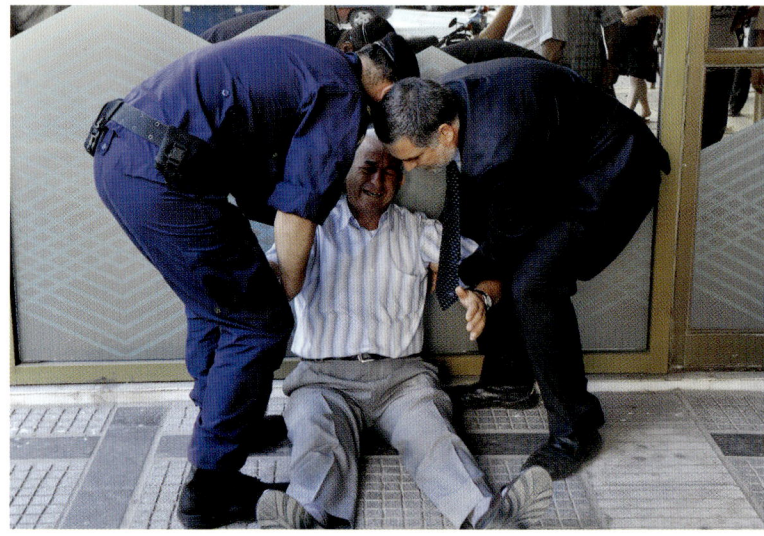

Dieser griechische Rentner wurde zum Symbol für die Strapazen einer Nation.

Wenige Stunden nach der Bankenschließung habe ich eine
Idee. Ich werde meine Maklerkollegen aus aller Welt treffen –
Polo-Event bei Christian Völkers auf Mallorca. Die entspannte
Atmosphäre sowie Gespräche mit Kollegen werden mir hel-
fen, auf andere Gedanken zu kommen, mich zu orientieren.
Neuer Mut steigt in mir hoch. Ich setze mich an den Com-
puter und versuche, einen Flug und Hotelübernachtungen zu
buchen. Nach der ersten Euphorie kommt die Ernüchterung

ziemlich schnell: Die Buchung wurde nicht ausgeführt, aufgrund einer nicht möglichen Belastung meiner griechischen Kreditkarte. Ich buche also mit meiner deutschen Kreditkarte und bin verstört: Als Grieche komme ich nicht nach Mallorca, als Deutscher komme ich hin. Eine Zwei-Klassen-Gesellschaft, unterteilt in Nationalitäten? Mitten in Europa? Griechenland ist im Aus – hier läuft nichts mehr, waren meine Gedanken. Mir fehlen die Worte. Zusammengefasst: „Ist das das Ende meines Traums? Kann es das sein?"

Während des Events auf der spanischen Insel wenige Tage später kann mich selbst die fast väterliche Nachfrage von Christian Völkers unter vier Augen, wie es uns denn in Griechenland gehe, nicht wirklich aufmuntern, aber doch etwas beruhigen: Unsere Lage in Hellas wird wahrgenommen, und bei allem Business kommt die Menschlichkeit nicht zu kurz.

Chronologie
der Krise

April 2015 bis Februar 2017

April 2015: Zwischen der Bekanntgabe vorverlegter Präsidenten- sowie Parlamentswahlen (Dezember 2014 und Februar 2015) sowie wegen der politischen Unsicherheit und der erneut aufkommenden Grexit-Diskussion kommt es zu einem „schleichenden Bankenrun": Angaben der Zentralbank zufolge schrumpfen die Einlagen von Firmen und Haushalten in diesem Zeitraum bei griechischen Banken um insgesamt 25,3 Mrd. Euro. Die Regierung übergibt eine Liste mit Reformvorschlägen an die europäischen Geldgeber. Sie will damit eine Summe von mehr als drei Milliarden Euro aufbringen.

Athen zahlt fristgerecht eine Rate von 450 Millionen Euro an den IWF. Die Regierung beschließt die Realisierung eines Rüstungsauftrags für das US-amerikanische Unternehmen „Lockheed Martin" in Höhe von mehr als 460 Mio. Euro. Es betrifft die Aufwertung veralteter Flugzeuge. Athen erhält von den Geldgebern („Institutionen") weitere zwei Monate Zeit (bis Ende Juni), um seine Reformvorschläge zu unterbreiten.

Ende April 2015: Griechenland hat innerhalb der Eurozone laut Eurostat weiterhin den höchsten Schuldenberg: 177 Prozent am Bruttoinlandsprodukt (BIP). Die Bargeldreserven der Regierung werden immer knapper. Es ist nicht klar, ob Ende des Monats Gehälter und Renten bezahlt werden können.

Im April zogen die Griechen weitere 5 Mrd. Euro von den

Bankkonten ab. Seit November 2014 beläuft sich die entsprechende Gesamtsumme auf 35 Mrd. Euro.

Juni 2015: Regierungschef Tsipras kündigt überraschend ein Referendum am 5. Juli des Jahres an. Das Volk soll über einen Kompromissvorschlag von EU-Kommissionspräsident Jean-Claude Juncker entscheiden. Immer mehr Griechen räumen ihre Konten leer. Die Banken werden vorübergehend geschlossen. Kapitalverkehrskontrollen werden eingeführt. Das Tageslimit pro Person wird auf 60 Euro festgesetzt.

Juli 2015: Die Banken werden am 20. Juli wieder geöffnet. Die Regierung Tsipras triumphiert bei der Volksabstimmung mit 61 Prozent der Stimmen gegen die Reformpläne der EU.

Wenig später tritt Finanzminister Janis Varoufakis zurück. Auf einem EU-Gipfel in Brüssel wird ein neues Reformpaket verabschiedet.

August 2015: Das Reformpaket passiert das griechische Parlament. Ministerpräsident Tsipras kündigt Neuwahlen für den September an. SYRIZA geht erneut als stärkste Kraft hervor.

September 2015: Die Flüchtlingskrise eskaliert. Erstaufnahmezentren in Griechenland und Italien werden beschlossen.

Oktober 2015: Griechenland und Italien werden von der EU mit Grenzbeamten unterstützt.

Dezember 2015: Das griechische Parlament stimmt über Maßnahmen ab, damit eine Kredittranche von einer Milliarde Euro freigegeben wird.

2016

Februar 2016: Bislang größter Generalstreik legt das Land lahm. Die NATO beschließt Einsatz gegen den Menschenschmuggel in der Ägäis.

Mai 2016: Neue Sparmaßnahmen werden beschlossen. Die Eurogruppe gewährt Griechenland weitere 10,3 Milliarden Euro an Krediten und stellt Schuldenerleichterung in Aussicht.

Juni 2016: Die Euroworking Group beschließt die Auszahlung einer weiteren Kreditrate in Höhe von 7,5 Milliarden Euro an Griechenland.

Der UNO-Generalsekretär Ban Kimoon würdigt bei einem Besuch in Griechenland den griechischen Beitrag bei der Bewältigung der Flüchtlingskrise. Gleichzeitig mahnt er eine stärkere Unterstützung seitens der Internationalen Gemeinschaft an.

Nach dem Referendum in Großbritannien, bei sich eine Mehrheit für den Austritt des Königreichs aus der EU ausspricht (Brexit) fordert Premier Alexis Tsipras eine „Vision für ein besseres Europa".

Juli 2016: Ministerpräsident Alexis Tsipras absolviert im Reich der Mitte einen mehrtägigen Staatsbesuch Athen und versucht, die bilateralen Beziehungen zu China weiter auszubauen.

Sigmar Gabriel, der Stellvertreter von Bundeskanzlerin Angela Merkel ist, stellte bei einem Aufenthalt in Athen klar, dass er an Griechenland glaubt – vor allem was die Bemühungen betrifft, einen Ausweg aus der Finanz- und Wirtschaftskrise zu finden. Gleichzeitig lobt er die Fortschritte des Mittelmeerlandes.

In den nächsten vier Jahren wird es mit der Wirtschaft wieder bergauf gehen. Diese Einschätzung vertritt der Gouverneur der Griechischen Zentralbank (GZB), Jannis Stournaras.

Details über einen Alternativplan der Regierung SYRIZA-ANEL für die Eventualität eines Austritts Griechenlands aus der Eurozone (Grexit) werden bekannt. Ausgearbeitet haben sollen ihn kurz nach dem ersten Wahlsieg von SYRIZA im Januar 2015 der ehemalige Finanzminister Varoufakis und ein Berater-Team.

Die staatliche italienische Bahngesellschaft Ferrovie Dello Stato Italiane bietet 45 Mio. Euro für den Kauf von 100 % am Stammkapital ihres griechischen Widerparts Trainose an.

August 2016: Ein Antrag zur Einberufung eines Untersuchungsausschusses über die ersten sechs Monate der Regierung Tsipras Anfang 2015 wird im Parlament abgelehnt. Oppositionschef Mitsotakis von der ND kündigte an, dass er einen entsprechenden Ausschuss ins Leben rufen werde, wenn seine Partei die Regierungsgeschäfte übernehmen sollte.

Die Exporte griechischer Produkte gehen in den ersten sechs Monaten 2016 gegenüber dem Vergleichszeitraum des Vorjahres um 8,1 % zurück.

Griechische Haushalte und Unternehmen bewahren zwischen 15 und 20 Mrd. Euro in Tresoren und verschiedenen „Verstecken" auf, statt das Geld auf Bankkonten einzuzahlen. Zu diesem Schluss kommt eine Studie der Eurobank.

Die chinesische staatliche Reederei Cosco übernimmt für 280,5 Millionen Euro offiziell 51 Prozent der Aktien der Hafengesellschaft von Piräus (OLP).

Für die bankrotte griechische Supermarktkette Marinopoulos findet sich in letzter Minute ein Retter: der bisherige Konkurrent Sklavenitis.

Oktober 2016: Die Finanzminister der Eurozone in Luxemburg geben eine Hilfstranche in Höhe von 1,1 Mrd. Euro für Griechenland frei. Sie ist ein Teil einer Kreditrate in Höhe von 2,8 Milliarden Euro.

November 2016: Die chinesische Staatsfirma State Grid Corporation of China (SGCC) wird in der Ausschreibung um einen

24-Prozent-Anteil am griechischen Stromnetzbetreiber AD-MIE zum Meistbieter erklärt.

Zweitägiger Besuch des noch amtierenden US-Präsidenten Barack Obama in Athen. In Statements setzt er sich für weitere Schuldenerleichterungen für Hellas ein.

Der Haushaltsentwurf für 2017 geht von einem Wachstum des Bruttoinlandsprodukts (BIP) im neuen Jahr um 2,7 % aus.

Der Internationale Währungsfonds (IWF) fordert weitere einschneidende Spar- und Reformmaßnahmen bis zum Jahr 2020. Finanzminister Evklidis Tsakalotos dazu: „Das ist weder ehrenhaft noch hat es eine wirtschaftliche Logik."

Import-Export
von Produkten und Dienstleistungen

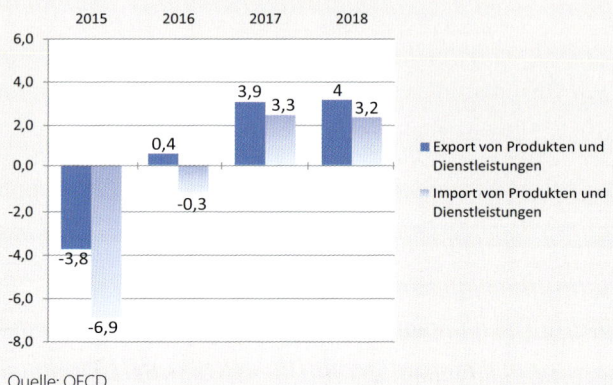

Quelle: OECD

Dezember 2016: **Offizieller Besuch des deutschen Außenministers Frank-Walter Steinmeier in Griechenland. Unterzeichnung einer Agenda für die gemeinsame politische Zukunft beider Länder.**

24-stündiger Generalstreik des Gewerkschaftsbunds GSEE sowie der Gewerkschaft Öffentlicher Dienst ADEDY und der kommunistischen Gewerkschaft PAME.

Ministerpräsident Alexis Tsipras kündigt die Auszahlung einer 13. Rente für Niedrigrentner an. Sie soll 1,6 Millionen Pensionisten (60,32 % der Gesamtzahl) zugutekommen, die monatlich weniger als 850 Euro erhalten. Mini-Krise mit den internationalen Geldgebern.

Eine Gesetzesnovelle verschiebt die Anhebung der Mehrwertsteuer auf den Inseln, die besonders vom Flüchtlingsstrom betroffen sind – etwa Lesbos, Chios, Samos und Kos – um ein Jahr.

Georg Petras: **Let's Go Hellas**

Die Verhandlungen zwischen der Regierung und den internationalen Geldgeberinstitutionen werden wieder aufgenommen. Es geht um die zweite Bewertung der griechischen Spar- und Reformfortschritte. Ein erfolgreicher Abschluss ist die Voraussetzung für die Auszahlung weiterer Kredite.

Der Haushaltsentwurf für 2017 wird mit Regierungsmehrheit verabschiedet.

2017

Januar 2017: Umfrage: Fast zwei Drittel der Befragten (65 %) vertreten die Meinung, dass sich die Wirtschaft des Landes im laufenden Jahr verschlechtern wird; nur 14 % erwarten eine Besserung. Fast die Hälfte der Umfrageteilnehmer (46 %) lehnt die Durchführung eines vorverlegten Urnengangs ab, 40 % votieren dafür.

Februar 2017: Der IWF vertritt die Auffassung, dass jede neue Unterstützung für Griechenland auf realistischen Annahmen basieren muss, was seine Fähigkeit betrifft, dauerhafte Überschüsse und langfristiges Wirtschaftswachstum zu produzieren.

Die Arbeitslosigkeit in Griechenland sinkt innerhalb eines Jahres um 1,5 Prozentpunkte – von 24,5 % auf 23 %.

Winterbericht der Europäischen Kommission zu Griechenland: Unter bestimmten Voraussetzungen könnte das Bruttoinlandsprodukt 2017 2,7 % wachsen.

Verschnaufpause für Athen: Die Eurogruppe beschließt in Brüssel, dass die Vertreter der Institutionen wieder nach Athen reisen, um auf technischer Ebene weiter zu verhandeln.

Georg Petras: **Let's Go Hellas**

*Eine gute
Entscheidung basiert
auf Wissen und nicht
auf Zahlen*

Platon (etwa 428 bis 348 v. Chr.)

Kapitel 7

Jetzt erst recht!

Georg Petras: Let's Go Hellas

Als ich vor über 20 Jahren mein erstes Unternehmen gründete, begegnete ich vielen Bedenkenträgern. „Das ist aber riskant", war ein Satz, den ich oft hörte, als ich mich auf eine Nischen-Dienstleistung, genannt Just-in-Time, in der Logistik fokussierte. Viele haben mir geraten, mich nicht auf ein einziges Produkt zu konzentrieren, sondern mehr Auswahl anzubieten. Und trotzdem habe ich mich aber auf dieses Eine versteift und auch in schwierigen Zeiten daran festgehalten, um dann schließlich als eines der Top-Unternehmen in diesem Nischenbereich erfolgreich zu werden. Das Unternehmen wurde im Jahre 2007 unter 800 Firmen als weltweit bester Dienstleister eines großen Automotive-Zulieferers ausgezeichnet. Und diesen Anspruch habe ich auf mein Immobilien-Business übertragen. Aus dieser Erfahrung stammt meine „Jetzt-erst-recht"-Mentalität, die sich an einigen markanten Ereignissen immer wieder zeigt:

Hamburg ist toll: Der Hafen, die Leute machen die Elbmetropole zu einer dynamischen weltoffenen Stadt. Ich komme gern zu den Lizenznehmertreffen von Engel & Völkers in der Hansestadt. So auch in jenem Jahr, als die Rezession in Griechenland auf dem Zenit stand. Auf der *Cap San Diego*, einem historischen Viermaster, der im Hafen vor Anker liegt, empfangen uns die Kollegen. Ich stelle mich vor: „Georg Petras, Engel & Völkers

Rhodos", der Kollege runzelt die Stirn: „Rhodos in Griechenland? Euch gibt's noch?" Ich kurz angebunden: „Sehen sie doch!" Jetzt erst recht, murmle ich wieder einmal. Ironie des Schicksals: Am nächsten Tag dreht Engel & Völkers über mich als Lizenznehmer einen Werbefilm. Die Bemerkung vom Vortag geht mir den ganzen Tag nicht aus dem Kopf. In dem später fertig geschnittenen Film wirke ich entspannt und zuversichtlich. Bin ich ein guter Schauspieler oder sieht man mir die Jetzt-erst-recht-Mentalität an?

Viele Sticheleien habe ich in Erinnerung. Ein Geschäftspartner in Deutschland sagte mir einmal im Vertrauen: „Versteh mich nicht falsch, Georg, ich habe nichts gegen dich – aber nach Griechenland fahre ich jetzt nicht mehr in den Urlaub." Oder die kleinen Smalltalk-Bemerkungen auf Partys in Deutschland: „Hey, da kommt ja Varoufakis!" Ich bleibe zuhause, habe ich oft zu meiner Frau gesagt, wenn eine Einladung ins Haus flatterte: „Keine Lust auf Griechenland-Schelte."

Durchschnittliche Arbeitsstunden pro Jahr (2014)

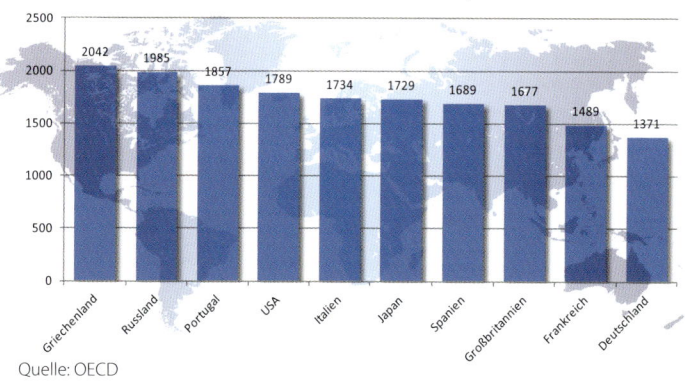

Quelle: OECD

Der antike Tempel bei Lindos, darunter die St. Pauls-Bucht

Auch ein Termin bei einem großen deutschen Finanzinstitut in Frankfurt schockierte mich: Es ging um ein gewünschtes Darlehen eines Griechen für ein Bauprojekt auf Rhodos. „Ein Grieche?", fragte mich der Berater. „Das tut mir leid. Da können wir gleich abbrechen. Egal, wie viel Eigenkapital sie mitbringen: Unser System verweigert jegliche Darlehen an Griechen mit Wohnsitz in Griechenland von vorneherein." Da ist sie wieder, diese Zwei-Klassen-Gesellschaft.

An solchen Tagen war ich vorübergehend niedergeschlagen – aber nicht deprimiert. Irgendetwas in mir weiß, dass ich dennoch auf dem richtigen Weg bin   die Zeit für meine Pläne nur noch nicht reif ist. In Athen begegnete ich Joseph Ackermann, dem ehemaligen Chef der Deutschen Bank. Er hatte

Georg Petras, Paul Efmorfidis (2.v.r.) und eine seiner Mitarbeiterinnen, Alexandros Xarobas (l.), er hat in den vergangenen Jahren mit seinem Partner mehrere Cafés und Restaurants auf der Insel eröffnet; Michael Moskiou (r.), er hat mit Beginn der Krise ein Architekturbüro aufgebaut und ist damit überaus erfolgreich. In der Zwischenzeit avancierte Michael auch zum Hotelier.

beim ersten Schuldenschnitt für Griechenland Angela Merkel beraten. Der Banker erzählte mir von seinem letzten Besuch auf Rhodos, dem tollen Essen in der Altstadt. Außerdem ist Ackermann Präsident der Nationalbank von Zypern. „Mutig", so lautet sein Fazit nach unserem kurzen Gespräch über mein Business. Seine Beurteilungen zu Themen wie Grexit und Rückkehr zur Drachme waren so positiv und entspannt, dass alle meine Bedenken für einen kurzen Moment im Hintergrund verschwanden. „Egal was kommt, Herrr Petrrras", sagte Ackermann mit Schweizer Akzent, „Ihre Ferienhäuser auf Rhodos sind im europäischen Vergleich immer noch unschlagbar günstig. Und irgendwo müssen die Nordeuropäer ja Urlaub machen." Es hätte eigentlich nur ein Augenzwinkern von ihm gefehlt.

Diese Begegnungen zeigen mir, dass ich als Deutsch-Grieche einen entscheidenden Vorteil habe: Situationen interpretiere ich stets doppelt: Rational-deutsch und emotional-griechisch. Manchmal stelle ich das Ganze auf den Kopf und fühle deutsch und reflektiere rational-griechisch. Ich komme immer zu einem konstruktiven Ergebnis, denn wenn der Grieche den Kopf in den Sand steckt, kommt der Deutsche in mir und buddelt ihn aus. Wenn der Deutsche im Chaos den Wald vor lauter Bäumen nicht mehr sieht, zuckt der Grieche in mir mit den Schultern und beruhigt mich wieder. Deshalb habe ich stets Antworten parat, wenn ein deutscher Kunde sich über die mangelnde Pünktlichkeit griechischer Handwerker beschwert. „Genau aus diesem Grund haben Sie hier eine Immobilie erworben. Weil Sie die mediterrane Lässigkeit mögen. Stellen Sie sich vor, hier wäre alles geregelt wie in Deutschland, hätten Sie dann gekauft?

Wie ich es drehe und wende, am Ende bleibt stets – nicht etwa das griechische Drama, sondern das europäische Dilemma. Sind wir eine Ansammlung von Einzelstaaten oder eine Gemeinschaft, die auch in Zukunft zusammenstehen will? Diese Frage kann ich nicht abschließend beantworten. Meine Aufgabe ist es, dafür zu sorgen, dass auf einer der schönsten Inseln Europas Wohnungen und Häuser mit Blick aufs Meer nie leer stehen, neue Bauprojekte Arbeitsplätze schaffen und von glücklichen Europäern erworben werden.

Kapitel 8

Das müssen Sie wissen! Tipps und Infos für den Immobilienkauf

Wer ein Haus oder eine Wohnung auf griechischem Grund und Boden kaufen will, hat nicht nur Sprachbarrieren zu überwinden. Viele Gesetze und Vorschriften sind den deutschen zwar sehr ähnlich – jedoch einige Details sind anders als in Deutschland. Deshalb sollte sich jeder Interessierte von Experten helfen lassen. Das können professionelle Makler, Rechtsanwälte oder Notare sein. Dies ist ein kleiner Leitfaden für meine Kunden:

Um den Immobilienmarkt auf Rhodos, den anderen Inseln und in den Küstenregionen des Festlandes verstehen zu können, ist eine genaue Betrachtung notwendig. Erst eine Unterteilung des Marktes in die Bereiche Segment, Region und Lage erlaubt eine genauere Marktanalyse. Sehr oft werden Veröffentlichungen von verschiedenen Institutionen zu generell formuliert und umfassen den gesamten griechischen Immobilienmarkt oder sie beschränken sich auf die Unternehmensdaten und Recherchen eines einzelnen Kreditinstitutes. Beide Betrachtungen verfälschen die Realität erheblich und führen zu ungenauen Analysen. Um den Markt so realitätsnah wie möglich abzubilden, unterteile ich den Wohn-Immobilienmarkt in Griechenland und speziell auf den Inseln in zwei Segmente:

Der Immobilienerwerb in Hellas wurde in den letzten Jahren vereinfacht.

Segment 1: Wohnimmobilien – Erstwohnsitz

Dieser Bereich wird primär von Einheimischen dominiert und hat, speziell in den Städten auf dem Festland, einen erheblichen Preisabstieg hinter sich.

Segment 2: Luxus- und gehobener Ferien-/Zweitwohnsitzmarkt

Dieses Marktsegment wird vorwiegend von EU-Bürgern nichtgriechischer Nationalität sowie von vermögenden Griechen dominiert und hat seit Beginn der Krise einen geringeren Preisabstieg erfahren.

Durch die komplette und anhaltende Überarbeitung des

Georg Petras: **Let's Go Hellas**

Steuersystems gibt es derzeit immer wieder Änderungen und positive Weiterentwicklungen. Grundsätzlich unterscheidet sich der Steuersatz durch verschiedene Faktoren, wie zum Beispiel Verkäufe von Privatiers oder Verkäufe von Bauträgern. Bei Privatverkäufen beträgt die Grunderwerbssteuer lediglich drei Prozent (Stand: Frühjahr 2017), beim Kauf von Bauträgern fällt keine Grunderwerbssteuer an. Da es sich hier allerdings um den Kauf von gewerblichen Anbietern handelt, ist wie in den meisten europäischen Ländern die Mehrwertsteuer zu begleichen. Diese ist jedoch oftmals, da in Griechenland unüblich, nicht in den angegebenen Preisen enthalten und muss hinzugerechnet werden.

Tipp: Warten Sie nicht zu lange bei einem Hauskauf!

Wie nach dem Recht verschiedener europäischer Staaten ist auch in Griechenland der Eigentumserwerb an einer Immobilie erst mit der Eintragung im Grundbuch vollzogen. Der Kauf wird durch den Abschluss eines notariellen, präzise gefassten Kaufvertrages abgewickelt. Der Erwerb von Immobilien richtet sich nach dem „Astikos Kodikas" (Zivilgesetzbuch), das beispielsweise mit dem deutschen Bürgerlichen Gesetzbuch (BGB) vergleichbar ist.

Der in Griechenland bei der notariellen Protokollierung der meisten Kaufverträge bestehende Anwaltszwang wurde abgeschafft. Ich empfehle jedoch diese lohnende Investition in die Kompetenz eines Rechtsanwaltes. Dieser führt die Grundbuchrecherche durch und bereitet in Absprache mit einem Notar den Vertrag vor. Fragen dazu beantworten gern Immobilienexperten und Makler.

Nachfolgend habe ich die wichtigsten Fakten für den Immobilienkauf zusammengefasst:

1. Für EU-Bürger ist der Erwerb von Immobilien in Griechenland uneingeschränkt möglich. Voraussetzung ist ein notariell beurkundeter Kaufvertrag und der Eintrag ins Grundbuch.

2. Vorsicht bei Vorverträgen: Diese Vorverträge sind in Griechenland lediglich schuldenrechtlich relevant. Eine tatsächliche Übertragung erfolgt nicht.

3. Grundbücher können nur von Anwälten und Notaren eingesehen werden.

4. Die Pflicht, sich bei einem Kauf anwältlich beraten zu lassen,

wurde aufgehoben, dennoch ist – auch für Grundbuchrecherchen – die Hinzuziehung eines Anwaltes zu empfehlen.

5. Alle Eigentumstitel des Verkäufers sollten sorgsam geprüft werden, Verkäufer benötigen eine Legalisierungsbescheinigung.

6. Waldgebiete und Strände sind in Griechenland öffentliches Eigentum und können nicht erworben werden. Daher muss jedem Kaufvertrag eine Bescheinigung beiliegen, aus der hervorgeht, dass es sich nicht um Waldgebiet handelt. Insbesondere bei Grundstücken ist dies relevant.

7. Wenn gebaut werden soll, müssen Anwälte, Architekten und Ingenieure prüfen, ob die Voraussetzungen vorliegen.

Ein Immobilienkauf ist mit der Eintragung
in das Grundbuch vollzogen.

8. Die Grunderwerbssteuer beträgt drei Prozent (Stand Frühjahr 2017) des Immobilienwertes. Die Zahlung der Grunderwerbssteuer ist Voraussetzung für die Beurkundung sowie die Eigentumsübertragung.

9. Die 2014 eingeführte Immobiliensteuer beträgt in den klassischen Zweitwohnsitzregionen etwa drei bis sechs Euro je Quadratmeter Wohnfläche und Jahr.

10. An Maklergebühren fallen für den Käufer drei Prozent an.

11. Deutsche Käufer benötigen eine griechische Steuernummer, darum kümmert sich der Makler oder der Anwalt.

Entwicklung des Bruttoinlandsprodukts
(Veränderung in %)

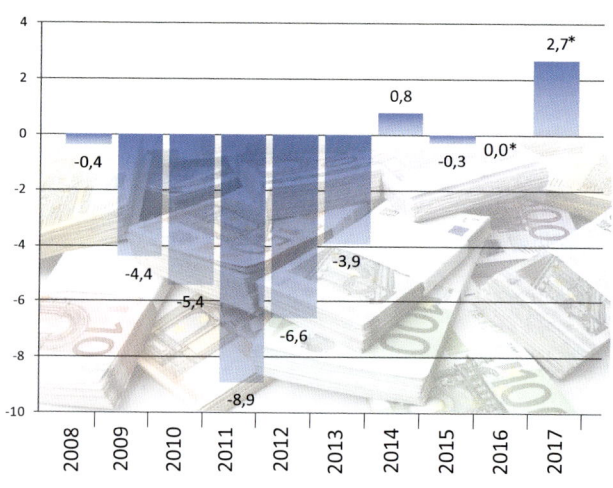

Quelle: ELSTAT

* (geschätzt)

Und noch ein persönlicher Tipp:

Nehmen Sie sich Zeit für die Entscheidung. Eile ist kein guter Berater. Fahren Sie ein zweites und ein drittes Mal zu ihrem Traumhaus – ein guter Makler wird das problemlos für Sie möglich machen. Sollte es Ihnen dann immer noch oder sogar noch mehr gefallen, sollten Sie allerdings nicht zu lange zögern, denn schöne Häuser in guten Lagen mit Meerblick gibt es nicht unendlich viele auf den griechischen Urlaubsinseln.

Warten Sie nicht mit dem Kauf! Kaufen Sie und warten Sie dann!

Kapitel 9

Ziemlich beste Geschäftspartner

Georg Petras: **Let's Go Hellas**

E s war kein Zufall, dass ich mit einer international erfolgreichen Marke wie Engel & Völkers auf Rhodos in die Immobilienbranche startete. Es war mir wichtig, meinen deutschen Kopf mit meiner griechischen Mentalität zu verbinden. Zu meinen Mitarbeitern sowie zu Kunden und Geschäftspartnern habe ich immer wieder gesagt: „Unsere Arbeitsweise betreffend ist in unserem Shop Deutschland. Sobald wir aus der Tür nach draußen gehen, sind wir in Griechenland." Für mich gibt es keine schönere Konstellation. Kurz nach meiner Unterschrift unter den Vertrag für meine Engel & Völkers-Lizenz 2009 habe ich Kai Enders, Vorstand von Engel & Völkers, kennen und schätzen gelernt. Ich überzeugte ihn schon bei unserem ersten Treffen von „meiner" Insel, dass er seinen Sommerurlaub auf Rhodos buchte. Wie er die Ereignisse in Griechenland während der vergangenen Jahre beurteilt, erfuhr meine Co-Autorin Anja Steinbuch in einem persönlichen Gespräch in seinem Büro in Hamburg:

„Ein Haus auf einer griechischen Insel jetzt zu kaufen, ist ein echter Geheimtipp." Kaum betrete ich das schlichte, moderne Vorstandsbüro an der Stadthausbrücke in Hamburg, geht Kai Enders bereits in „medias res". Mit direktem kräftigem Blick und klaren Worten fasst er die aktuelle Situation zusammen:

„Dichtung und Wahrheit habe bei der Berichterstattung über Griechenland oft nichts miteinander zu tun."

Kai Enders muss es wissen. Der dynamische Hamburger ist nicht nur Vorstand des Franchise- und Maklerunternehmens Engel & Völkers, einem der größten Immobilienunternehmen Deutschlands. Er arbeitet eng mit mehr als 600 Partnern, so nennt er seine Franchisenehmer weltweit, zusammen. Enders hat sich stets für Petras und das Engel & Völkers-Büro auf Rhodos stark gemacht und dafür gesorgt, dass Petras aus Hamburg stets professionelle Unterstützung bekam. Er machte sich ein eigenen Bild vor Ort: „Ich bin begeistert von der vielseitigen Landschaft auf Rhodos." Mit Georg Petras verbindet ihn nicht nur seit sechs Jahren eine intensive Geschäftsbeziehung: „Petras gehört in Sachen Öffentlichkeitsarbeit und Marketing zu unseren stärksten Partnern." Die beiden Geschäftsleute haben auch freundschaftlich eine Ebene gefunden: „Wir gehören der gleichen Generation an. Uns verbindet auch die deutsche Zuverlässigkeit."

Betrachtet man die Berichterstattung in Deutschland über Griechenland und in Griechenland über Deutschland während der vergangenen sieben Jahre, dann überwiegen Klischees vom unsympathischen, kontrollsüchtigen Deutschen sowie vom faulen, korrupten Griechen. „Das hat mit der Realität gar nichts zu tun", ist Enders überzeugt und lächelt. Denn selbst Negativschlagzeilen haben für seinen Partner Petras positive Nebenwirkungen:

„Wenn die Medien negativ über Griechenland berichten, dann

laufen wenige Tage später die Telefone im Maklerbüro bei Georg Petras heiß." Das Prinzip „Mann beißt Hund" ist auch Kai Enders bekannt, und er weiß, dass eine Erfolgsgeschichte aus dem Krisenland Hellas hundertmal besser beim Leser ankommt als das übliche „Gezeter". Deshalb kamen auf alle Pressemitteilungen, die Georg Petras vorbereitet hat, auch viele journalistische Beiträge zustande. „Wir hatten noch nie so eine Medienpräsenz eines einzigen Lizenznehmers wie in den vergangenen sieben Jahren mit Georg Petras." Das ZDF berichtete, der SWR und alle großen Zeitungen im deutschsprachigen Raum. „Petras hat das mediale Interesse genutzt und für seine Insel Rhodos schlau umgesetzt", resümiert der Immobilienexperte. „Damit hat er nicht nur sein eigenes Business vor Ort erfolgreich aufgebaut, er hat auch dem Tourismus auf Rhodos geholfen."

Bisher habe noch niemand dieses Potenzial so gut erkannt wie Petras, führt Enders weiter aus. „Ähnlich wie an den griechischen Sandstränden haben auch in den beliebten spanischen Ferienregionen Immobilienkrisen kaum Auswirkungen auf den Markt der Zweitwohnsitze gehabt. Beispiele sind die Kanarischen Inseln, Malaga, Mallorca. Hier haben wir keine nennenswerten Preisnachlässe verzeichnet. Engel & Völkers hat in Spanien seine Lizenz als Masterlizenzpartner zurückgekauft. „Das bedeutet, wir werden uns hier wieder verstärkt engagieren", erklärt Enders.

„Weiter machen", das hat Enders Petras stets gesagt, wenn wieder mal eine Regierung die Sache hingeschmissen hat und Petras auf einen neuen Urnengang wartete. Achtmal ins-

Kai Enders: dynamischer Vorstandsvorsitzender bei Engel & Völkers

gesamt entstand dieses politische Vakuum und Petras musste warten: auf neue Politiker, neue Gesetze und auf seine Kunden. Enders: „Ich wusste, dass er im Herzen nie aufgeben würde, aber wir mussten auch den Geschäftsmann Petras aufbauen."

Die Marktbedingungen sind in den vergangenen Jahren für Petras trotz Krisen immer besser geworden. Enders begründet: „In den vergangenen fünf Jahren hat sich der Markt für Ferienimmobilien auf Rhodos und seinen Nachbarinseln bereinigt. Dadurch gibt es kaum noch Konkurrenz für Petras. Er kann auf ein sehr großes Angebot zurückgreifen. Sobald die Nachfrage steigt, ist er einer der Ersten, der profitiert."

Für den Griechenland-Fan Enders hat es auch etwas mit Verantwortung zu tun, Petras „den Rücken frei zu halten". Für ihn war es nur eine Frage der Zeit, dass sich die Gemüter beruhigen und auch die Presse nicht mehr von „Pleitegriechen" schreibt. Die positive Rolle Griechenlands in der Flüchtlingskrise habe bewiesen, dass es nur eine Frage des Zeitgeists ist, wie über eine Nation berichtet wird. Ein Grexit, also der Austritt Griechenlands aus der Eurozone, ist für Enders undenkbar. „Das macht wirtschaftlich keinen Sinn und ist nicht im Interesse Deutschlands."

Die Tourismusbranche gehört zu den wichtigsten Wirtschaftszweigen Griechenlands. Auch das ist für Enders einer der Gründe, warum ein Austritt Griechenlands nicht in Frage kommt. Fazit: „Jährlich steigende Besucherzahlen und die Gastfreundschaft der Griechen sind Beweis und Garant für den ökonomischen Erfolg für diese Destination."

Kapitel 10

Let's go Hellas!
Und ein Lob
auf die griechische
Familie

Georg Petras: **Let's Go Hellas**

„Ein Schiff ist im Hafen sicher, dafür wurde es jedoch nicht gebaut." Dieser Leitsatz begleitet mich seit vielen Jahren. Unsere Zukunft heißt Europa, wir brauchen mehr Mut! Das sage ich als Deutscher, als Grieche und als Europäer. Meine Ideen und Gedanken für die Zukunft Griechenlands und der gesamten EU habe ich hier zusammengefasst:

Die EU versucht seit sechs Jahren, die Krise in Griechenland mit Krediten zu beenden und verlangt dafür immer härtere Spar- und Reformprogramme – alles vergeblich. Der Grund für dieses Scheitern scheint in meinen Augen aber weniger die griechische Regierung zu sein. Die Konstruktion der Hilfsprogramme war nicht optimal, wie man ja heute eindeutig festgestellt hat.

Was bedeuten sechs Jahre Krise? Das bedeutet sechs Jahre Arbeitslosigkeit, zunehmende soziale Unsicherheit und Verarmung der Gesellschaft. Vor allem aber bedeutet es Hoffnungslosigkeit. Wenn es nach sechs Jahren noch immer nicht aufwärts geht, geht der Glaube an den Aufschwung selbst den Gutgläubigen verloren.

Es liegt nicht allein an den Politikern, die inzwischen deutlich mehr tun, um die Krise zu beenden. Griechenland braucht ein wettbewerbsfähiges Steuersystem, das dafür sorgt, dass die

Gelder auch eingetrieben werden – und zwar das Geld von allen. Es braucht ein tragfähiges Rentensystem. Und es braucht ein Rechtssystem, das schneller agiert als bislang und das hart gegen Korruption und Vetternwirtschaft vorgeht. Auch hier sehe ich positive Entwicklungen – auch Griechenland-Urlauber vor Ort können das täglich an kleinen Dingen wie den Erhalt von Quittungen erleben. Ein Schritt in die richtige Richtung ist auch die Schulung von griechischen Steuerfahndern im Sommer 2016 in Düsseldorf durch deutsche Kollegen. Es geht also doch, und glauben Sie mir, wenn die Deutschen etwas griechisch entspannter wären, was sich im Übrigen ja viele wünschen, und die Griechen etwas deutscher organisiert, wir hätten den perfekten Europäer.

Wie so oft gibt es immer zwei Seiten der Medaille: Getrieben von der sogenannten Troika (später Institutionen genannt) und den Bürokraten aus Brüssel, haben sich die Geldgeber auf die Einhaltung der sogenannten Fiskalziele, also der reinen Sparmaßnahmen, versteift. Anfangs war das komplett richtig. Griechenland hatte zu Beginn der Krise ein prozentual zweistelliges Haushaltsdefizit. Das ließ sich nur durch radikale Maßnahmen einfangen und hat sich inzwischen deutlich verbessert und liegt, nach aktuellen Meldungen, in 2016 leicht im Plus. Das ist eine anzuerkennende Leistung der Griechen.

Die Zeiten der radikalen Maßnahmen sind allerdings vorbei. Selbst der Internationale Währungsfonds (IWF) gibt mittlerweile zu, dass die Konzentration auf hohe Sparziele ökonomisch kontraproduktiv ist. Aus Kreisen des IWF, der für seine Härte in Sachen Haushaltssanierung bekannt ist, hört man immer häufiger, dass es wichtiger wäre, wirtschaftlich

Demo „auf Deutsch" vor dem Parlament in Griechenlands Hauptstadt

sinnvolle Strukturreformen umzusetzen, als Fiskalziele fest-
zuschreiben, die ohnehin nicht einzuhalten sind. Das tut nicht
weniger weh, bringt aber mehr, beteuern die Ökonomen.

Einer Studie der European School of Management and Techno-
logy (ESMT) zufolge, über die Zeitungen wie das Handelsblatt
und der Spiegel berichten, zeigt: Europa und der Internationale
Währungsfonds (IWF) haben in den vergangenen Jahren vor
allem Banken und andere private Gläubiger gerettet.

Dieser Vorwurf wird schon lange erhoben. Doch jetzt liefert
die ESMT zum ersten Mal eine detaillierte Berechnung. Dem-
nach haben sich die Ökonomen jede einzelne Kredittranche
angeschaut und über Wochen geprüft, an wen die Gelder der
ersten beiden Rettungspakete geflossen sind. Das Ergebnis:
Nur 9,7 Milliarden Euro und damit weniger als fünf Prozent

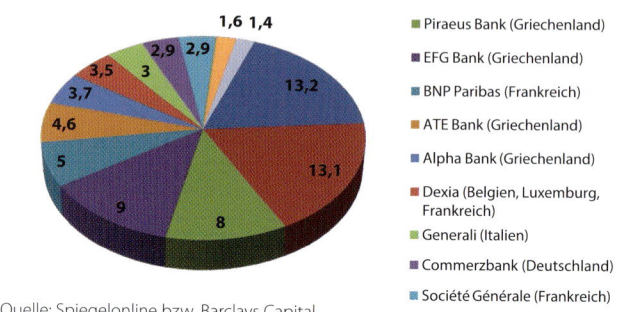

2011: Griechenlands Schulden an Banken
(in Mrd. Euro)

- Piraeus Bank (Griechenland)
- EFG Bank (Griechenland)
- BNP Paribas (Frankreich)
- ATE Bank (Griechenland)
- Alpha Bank (Griechenland)
- Dexia (Belgien, Luxemburg, Frankreich)
- Generali (Italien)
- Commerzbank (Deutschland)
- Société Générale (Frankreich)

Quelle: Spiegelonline bzw. Barclays Capital

landeten im griechischen Haushalt – und kamen somit den Bürgern direkt zugute. Der einzige Grund, warum eine Nation wie Griechenland mit dieser riesigen Arbeitslosigkeit nicht zusammengebrochen ist, liegt an den Familien. Denn der Staat ist die Familie. Wer einer griechischen Familie angehört, der findet hier einen Kindergarten, eine Arbeitslosenversicherung, ein Altenheim, eine Kreditbank, eine Herberge, Psychotherapie, und hervorragende Mahlzeiten kommen auch noch gratis dazu. Ohne diesen familiären Zusammenhalt, bei dem oftmals

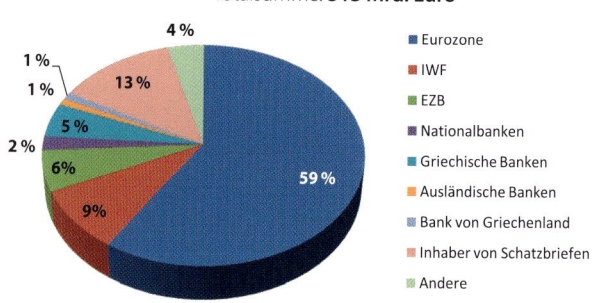

2015: Wem schuldet Griechenland heute?
Totalsumme: **313 Mrd. Euro**

- Eurozone
- IWF
- EZB
- Nationalbanken
- Griechische Banken
- Ausländische Banken
- Bank von Griechenland
- Inhaber von Schatzbriefen
- Andere

Quelle: Europäisches Parlament, Bank von Griechenland u. a.

Georg Petras: **Let's Go Hellas**

Georg Petras und der Erfinder der Cocomat-Matratzen Paul Efmorfidis

die Großeltern mit ihrer kleinen Rente die Ausbildung der Enkel mitfinanzieren und die Kinder in der Not ewig daheim wohnen, ohne das alles wäre Griechenland zusammengebrochen und sicher nicht aufgrund der fünf Prozent der Hilfskredite, die im Staat angekommen sind.

Was in meinen Augen mindestens genauso schwer wiegt: Die Bevölkerung in den Geberländern glaubte gar nicht mehr daran, dass das griechische Drama jemals ein gutes Ende finden wird. Viele Europäer sind empört darüber, wie mit ihren Steuergeldern umgegangen wird. Sie waren frustriert, weil sich die Geschichte jedes Jahr wiederholte: Erst streiten sich die Beteiligten, dann wird ein Kompromiss gefunden, der die Lage beruhigt. Ein Jahr später sitzt man wieder beisammen und stellt fest, dass sich nichts grundlegend geändert hat.

Auch mein Freund Paul Efmorfidis, Inhaber des weltbekannten Matratzenherstellers Coco-Mat – ein griechisches Unternehmen und Musterbeispiel eines Erfolges aus Athen – ist ein „Befürworter der Krise", erklärte er mir persönlich und auch im Gespräch mit dem *Griechenland Journal*. Allerdings ist Griechenland dadurch erstmal kräftig ins Schleudern geraten: „Seit man uns den Euro diktierte, kamen wir völlig vom Kurs ab, verloren unser natürliches Wesen und agierten in einer fremden Identität." Er lobt, dass Angela Merkel endlich „Dampf macht." Warum? „Wir müssen aufwachen, wieder zu unserer Identität zurückkehren, eigene frische Ideen denken und umsetzen. Statt vor aller Augen in Zeitlupe erwürgt zu werden, brauchen wir Phantasie, Mut und Freiheit", fordert Efmorfidis.

Was Griechenland und Europa benötigen, ist nicht die Fortschreibung des Status quo. Einen Ausstieg aus dem Euro wird es nicht mehr geben, dafür ist es nun viel zu spät, und auch der bevorstehende und gefürchtete BREXIT sowie die anstehenden Wahlen in Frankreich und Deutschland lassen einen GREXIT praktisch nicht mehr zu. Griechenland benötigt den Schuldenschnitt, ohne diesen beispielsweise Deutschland im Jahre 1953 wohl nicht das Deutschland von heute geworden wäre. Und Griechenland benötigt Investitionen. Genau wie ich in dieses Land investiert habe und auch viele meiner Kunden mit einem Immobilienkauf das getan haben, und tatsächlich kann ich Ihnen keinen dieser Kunden nennen, der es bereut hat. Das Licht am Ende des Tunnels wird tatsächlich heller. Belege dafür sind die chinesische Betreiberfirma, die sich den Hafen von Piräus gesichert hat, oder auch der deutsche Flughafenbetreiber Fraport, der 2017 insgesamt 14 Flughäfen in Griechenland übernehmen soll. Das alles sind klare Anzeichen für das Vertrauen in eine wirtschaftliche Erholung Griechenlands. Interessant: Einer der Hauptgesellschafter von Fraport ist das Land Hessen und somit die Bundesrepublik. Das enorme Potenzial Griechenlands – speziell im Tourismus und im Baugewerbe – muss jetzt erkannt und genutzt werden. Dazu zitiere ich Peter Economides, Grieche und Erfinder des Apple-Slogans „Think Different" sowie Markenspezialist: „Griechenland ist eine starke Marke, die lediglich richtig vermarktet werden muss."

Genau das tue ich seit sechs Jahren! Viele Unternehmer in Griechenland haben das leider noch immer nicht erkannt. Es ist eine große Chance.

Griechenland hat enormes Potenzial –
im Tourismus und im Baugewerbe

Kapitel 11

2017:
Es geht aufwärts!

„Griechenlandkrise? Dazu haben wir nichts da. Das ist ja nicht mehr aktuell." So lautete die Antwort auf meine Frage nach einem politischen Buch über Griechenland und die Schuldenkrise. Im Sommer 2016. Ich werte das als gutes Zeichen – für Griechenland und für Rhodos. Trotzdem bestelle ich mir ein Buch von Janis Varoufakis, den zurückgetretenen Kurzzeit-Finanzminister von Hellas. Im Fernsehen und in der Presse ist, im Vergleich zu den Vorjahren, kaum noch etwas zu hören von Griechenland und der Krise. Es geht aufwärts!

Tatsächlich konnten wir 2016 mit einem deutlichen Umsatzplus abschließen. Die Markterholung macht sich allmählich bemerkbar. Auch wenn das Thema Griechenland in der Presse nicht mehr erwähnt wird: Das Problem ist lange nicht erledigt. Doch endlich kann die Regierung in Ruhe arbeiten und umsetzen.

Auch meine Kunden sprechen nicht mehr von Griechenland-Problemen – nur noch von den europäischen Problemen. Wichtiger Nebeneffekt: Auch wir können nun in Ruhe arbeiten und müssen uns nicht ständig rechtfertigen und über Politik sprechen.

Immer mehr Touristen kommen nach Griechenland. In 2016 sind es über 26 Millionen, Rhodos hat im Vorjahresvergleich ein Plus von etwa zehn Prozent. Und das, obwohl schon 2015 ein Rekordjahr für Rhodos gewesen ist. Allein in 2016 zählte man 4,3 Millionen Passagiere auf dem Flughafen von Rhodos. Das bedeutet zwei Millionen Touristen reisten über den Luftweg an.

Hoteliers, Gastronomen, Geschäftsleute haben zu tun, können wieder planen und Arbeitsverträge unterschreiben. Privatisierungen in Griechenland werden nach und nach genehmigt. Der Flughafen Rhodos Diagoras gehört auch zu dem Fraport-Kauf. Startschuss: 2017. Insgesamt wollen alleine deutsche Unternehmen in den kommenden drei Jahren mehrere Milli-

arden Euro in Griechenland investieren. Dazu gehört das bereits erwähnte Fraport-Investment sowie neue Infrastruktur und ITK-Netzwerke – hier ist die deutsche Telekom mit ihrer Beteiligung an der griechischen Telefongesellschaft OTE federführend. Auf den Gesamtzeitraum berechnet belaufen sich die deutschen Investitionen in Hellas auf 21 Milliarden Euro.

Die große Aufregung ist vorbei. Alles läuft in die richtige Richtung. Ich kann mich immer mehr zurückziehen und im Hintergrund arbeiten, habe das Gefühl, meine Herkulesaufgabe ist fast erledigt, wir sind Marktführer auf der Insel und sind es sogar in Krisenzeiten geworden. Die Menschen kommen und kaufen. Mein Team steht und ist top ausgebildet – krisengeprüft eben.

Nun werde ich mich weiteren zusätzlichen Aufgaben zu-
wenden und auch, wie von Beginn geplant, wieder mehr in
Deutschland aktiv sein. Ich übernehme zusätzliche Aufgaben
im Engel & Völkers-Netzwerk. Ich werde wieder mehr in
Deutschland arbeiten, aber auch in Griechenland werde ich
weiter unterwegs sein.

Nach wie vor werde ich pendeln, aber deutlich reduzierter,
um wieder mehr Zeit in Esslingen mit der Familie und mit
Freunden zu verbringen, die sozialen Kontakte in Deutschland haben gelitten. Also wieder eine neue Phase und sicher-
lich wieder nur eine Zeit lang, und dann?

Ende Februar des Jahres 2017 ist dieses Buch fertig, mit dem
ich hoffentlich Menschen von dieser Insel und ihren Bewoh-
nern überzeugen kann und dabei helfen kann, dem Traum
vom Haus am Meer ein Stück näher zu kommen. Ich werde
nicht immer live dabei sein, wenn die Menschen aus ganz
Europa nach Griechenland „strömen", um sich einen Platz
an der Sonne zu sichern. Ein bisschen komme ich mir vor
wie ein Architekt einer Kathedrale; diese ist nun erbaut, ein
schweres Stück Arbeit – dennoch oder gerade deshalb kann
ich mich jetzt um die nächsten Projekte kümmern. Mein
Team führt das aus, wofür ich jahrelang gekämpft habe. Die
Umsätze im Immobilien-Bereich in Griechenland sind 2016 so
hoch wie noch nie seit Eröffnung meines Business.

Auch Ex-Finanzminister Janis Varoufakis ist Ende August mit
einem neuen Buch „Das Euro-Paradox" herausgekommen. Da-
rin schildert er, wie eine andere Geldpolitik Europa wieder zu-
sammenführen kann. Ist also die Gemeinschaftswährung, also
das, was uns verbindet, am Ende verantwortlich für die Krise?

Im September 2016 setzt Kommissionspräsident Jean-Claude Juncker mit einem Werbefilm für die FAZ ein Zeichen für Besonnenheit und Krisenstärke. Er lässt sich bei sommerlichen Temperaturen in einer griechischen Taverne beim Essen filmen. Er zahlt selbstverständlich mit dem Euro und sagt: „Ich bin ein zuversichtlicher Europäer." Im Hintergrund glitzert die Sonne auf dem türkisblauen Meer. Bilder sagen oftmals mehr als tausend Worte.

Und als US-Präsident Barack Obama am 16. November die Akropolis besuchte und anschließend in Athen von der Bedeutung Griechenlands als Wiege der Demokratie für die ganze Welt spricht, lauscht eine ganze Nation, und es scheint, als sei Griechenland in diesem Moment vom scheiden-

Auch der ehemalige US-Präsident Barack Obama nannte Hellas die „Wiege der Demokratie".

den Präsidenten ein Stück weit entschädigt worden für die Schmach der Schuldenkrise. Obama machte sich abermals für eine Schuldenerleichterung stark: „Eine Entlastung ist entscheidend", sagte er. Das Land, das nach der Finanzkrise schmerzhafte Einschnitte hinter sich habe, müsse auf einen nachhaltigen Pfad zurückgeführt werden, die Jugend brauche Perspektiven. Er betonte die Bedeutung der EU als „eine der größten politischen und wirtschaftlichen Errungenschaften in der Geschichte der Menschheit".

Georg Petras und der Sänger Kostas Bigalis (l.) zusammen mit dem Bürgermeister von Rhodos Fotis Chatzidiakos bei einer Charity-Veranstaltung, die das Büro von Engel & Völkers auf der Insel organisierte. Das gesammelte Geld wurde begabten jungen Menschen übergeben, die keine Mittel hatten, um zu studieren.

Und die deutsch-griechische Beziehung? Die Antwort liefern die Außenminister der beiden Länder Anfang Dezember 2016 in Athen: Frank-Walter Steinmeier und sein Amtskollege Nikos Kotzias unterzeichnen einen deutsch-griechischen Aktionsplan, der eine engere Zusammenarbeit auf den Gebieten Politik, Wirtschaft, Wissenschaft, Kultur und Gesellschaft vorsieht. Beide sehen die deutsch-griechischen Beziehungen nach der Finanzkrise auf einem sehr guten Weg. Ein Grund dafür sei die Glaubwürdigkeit bei der Zusammenarbeit in der Flüchtlingskrise, sagte Steinmeier. Kotzias sagte auf Deutsch, alle Seiten seien jetzt realistischer als in der Vergangenheit.

Ich atme durch – und denke, Europa sollte sich wieder auf die Kraft seiner Ideale konzentrieren: Frieden – Freiheit – Demokratie – Menschlichkeit – Wohlstand.

Meines Erachtens ist Europa zu wertvoll, um mit mutlosen Entscheidungen demontiert zu werden. Zudem müssen wir uns damit abfinden, dass unser Menschen- und Gesellschaftsbild nicht überall geteilt wird.

So wie man im Wirtschaftsleben Entscheidungen zum Selbstschutz treffen muss, so muss dies auch Europa tun. Nach vielen Jahren Praxis muss festgestellt werden, dass die strikte Sparpolitik nachweislich zu nichts führt und die so wichtige Solidarität in Europa zerstört.

Die Anfang Februar 2017 veröffentlichte Studie des IWF unterstreicht dies sehr eindrucksvoll: Die harte Austeritätspolitik der EU sowie des IWF hat nachweislich nicht zur Reduzierung der Schulden geführt. Der IWF gibt das zumindest zu.

Eine weitere notwendige Maßnahme ist eine europäische Verfassung, denn nur so können wir als Gesamtheit funktionieren. Dies sollte mit gleichen Wettbewerbsbedingungen und kulturellem Austausch zwischen den europäischen Völkern verbunden sein.

Der undenkbare Brexit, der unwählbare Trump. Die Welt will einfach nicht so, wie unsere Politiker und unsere Medien es so gerne hätten.

Dass in einer gemeinsamen Währung alle genauso denken müssen wie die *Germani* – die Deutschen, ist kein Triumph. Wollen **wir Deutschen** wirklich, die wir voll Sehnsucht nach Griechenland reisen und alleine schon mit dem Gedanken daran unseren Alltag aufhellen, dass die Griechen genauso ticken und genauso staatsgläubig werden wie wir? Funktioniert Europa nur mit einer Mentalität genormter Untertanen? Oder liegt in diesem Land voller Kulturschätze, Demokratie und überzeugter Europäer nicht der Ursprung der europäischen Idee? Wir Deutschen sollten darüber nachdenken.

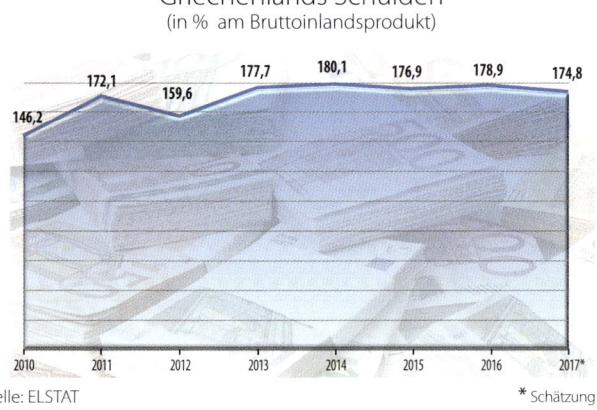

Griechenlands Schulden
(in % am Bruttoinlandsprodukt)

Quelle: ELSTAT * Schätzung

Wollen **wir Griechen** wirklich so weitermachen oder musste das alles passieren, um uns aufzurütteln und damit wir umdenken? Wir, die so neidisch auf die deutsche Qualität schauen und uns insgeheim wünschen, wir wären auch so. Wir, die so gerne auch so organisiert und effektiv wären wie die Deutschen.

Sollten wir den in Griechenland üblichen Satz *den gínetai* („Es geht nicht" bzw. „Das ist unmöglich") endlich mal in *gínetai!* („Es geht" bzw. „Nichts ist unmöglich") umformulieren? Gott wird uns helfen – *O Theós voithós*. Auch diesen Satz hörte und höre ich oft. Er hat zweifelsohne auch seine Berechtigung – aber er soll eben *helfen*, machen müssen wir Griechen es schon selbst.

Oder müssen wir endlich alle einsehen, dass von allem etwas – dieses Mosaik der Möglichkeiten – die Europäer entstehen lassen würde, die wir uns seit Jahren wünschen?

Deutscher Kopf, griechisches Herz. *Let's go Hellas! Let's make Europe great again!*

Die Flaggen Griechenlands und Deutschlands vor dem Parlament

Kapitel 12

Presseschau

Zielsiche

Binnen weniger Wochen hat sich
der Wettbewerb im **Direkt-
kuriermarkt** massiv verschärft.
Jüngster Coup: Der französische
Spezialist Flash Europe steigt
mit 49 Prozent bei Profex-
Partner Flashline ein. Über die
Folgen sprach Geschäftsführer
Georg Petras exklusiv mit der
VerkehrsRundschau.

Gutes Klima, gute Preise

Griechenlands Immobilienmarkt leidet unter
der Krise. Kaufinteressenten kommen daher
günstig zum Zug. Ein Ortstermin auf Rhodos

V om Sofa aus sieht man die
Sonne aufgehen", sagt Ca-
roline und macht eine be-
deutungsvolle Pause, in der
sie zur anderen Seite des
Wohnraums geht.

säumen das 14.000 Quadratmeter große
Grundstück. Der Traum hat seinen
Preis: 450.000 Euro will Caroline für ihr
Anwesen haben.

Auf der Dachterrasse versuchen Bian-

Griechen reicher als wir!

Amtlich: Durchschnitts-
Vermögen doppelt so
hoch wie in Deutschland.
Aber Regierung plant
neue Milliarden-Hilfe

MONEYSERVICE
Ferienimmobilien
Krise als Chance

Die schlechte Wirtschaftslage zwingt die Preise für Immobilien in Spanien und
Griechenland in die Krise. Was Objekte auf den Balearen und Rhodos jetzt kosten

Tür an Tür mit Varoufakis

Der Kauf eines Ferienhauses in Griechenland ist einfacher und günstiger geworden

Schlagzeilen wie „Pleitegriechen!" und „Jetzt griecht ihr nix mehr!" animierten mich stets dazu, den Telefonhörer in die Hand zu nehmen, mit Redakteuren zu sprechen, um ihnen Interviews, Zahlen und Fakten, Fotos anzubieten. Mein Ziel war es stets, ein genaueres Bild zu zeichnen als die schwarz-weiß denkenden Sensationsredaktionen. Die gute Nachricht dabei ist: Fast alle Journalisten haben meine Informationen gut verarbeitet, als Anlass für ausführliche Artikel, Interviews und TV-Produktionen genommen und dafür gesorgt, dass Vorurteile ein wenig mehr in den Hintergrund rücken. Hier ist eine Liste von Presseartikeln und Nachrichtenbeiträgen, die entweder aus aktuellem Anlass von Redaktionen angeschoben wurden oder auf meine Initiative hin während der vergangenen sechs Jahre entstanden sind:

Bild Zeitung, Juli 2011: Ferienhäuser werden immer billiger
Financial Times, Juli 2011: Preise in Griechenland fallen
Format(A), Juni 2011: Ferienimmobilien in Griechenland
Tagesspiegel, Juli 2011: Wo Investoren gepflegt baden gehen können
Berliner Morgenpost, Juli 2011: Griechenland ist wieder flüssig
Die Welt, April 2011: Schnäppchenjagd auf den griechischen Inseln
Die Welt, Juli 2011: Griechenland wieder flüssig
Bilanz (CH), September 2011: Traumhaft günstig
Focus, August 2011: Krise als Chance
Focus Money, August 2011: Ab in die Sonne

Handelsblatt, Juli 2011: Preiswertes Paradies
Handelsblatt, September 2011: Rendite mit einem Hauch von Urlaubsgefühl
Immobilien-Zeitung, Juni 2012: Sommer, Sonne, Schnäppchenjagd
Tagesspiegel, März 2012: Das Haus am Strand könnte billig werden
Tagesspiegel, Juni 2012: Ferienhäuser werden ein sicheres Heim für Euros
Wirtschaftswoche, Juni 2012: Ferienimmobilien am Mittelmeer
HAZ, Dezember 2012: Retten deutsche Rentner Südeuropa?
Portfolio (A), Dezember 2012: Alles Barzahler
Spiegel, Februar 2013: Leben wie Gott in Hellas
Handelsblatt, Juli 2013: Teures Idyll auf der Insel
Immobilienbrief, Juni 2013: Ferienimmobilien auf den griechischen Inseln
20min (CH), Februar 2013: Schweizer stürzen sich auf griechische Ferienhäuser
Münchner Merkur, Juli 2013: Der Traum vom Ferienhaus
Berliner Zeitung, Juli 2013: Reif für die Insel
Tagesspiegel, August 2013: Gute Erholung
N24, August 2013: Griechenland ist längst kein Billigheimer mehr
Handelsblatt, Februar 2014: Griechische Ferienhäuser sind noch günstig
Wirtschaftsblatt (A), April 2014: Rhodos: Preise für Ferienimmobilien werden wieder anziehen
Salzburger Nachrichten (A), April 2014: Ferienhäuser in GR wieder gefragt
Wirtschaftswoche, Juni 2014: Feriendomizil mit besten Aussichten
Griechenland Zeitung, Mai 2014: Zum Beispiel Rhodos: Senkung der Grunderwerbssteuer lockt Ferienhauskäufer
Handelsblatt, Oktober 2014: Ferienhäuser in Hellas trotz steigender Nachfrage noch günstig
Welt am Sonntag, März 2014: Gutes Klima, gute Preise
Griechenland Journal, Juni 2015: Griechenland ist eines der schönsten Grundstücke weltweit
Kurier (A), Juli 2014: Ab in den Süden
20 min (CH), Juli 2015: Schweizer machen Jagd auf griechische Villen
Welt, August 2014: Jenseits der Krise
Profil (A), Februar 2015: Das blaue Wunder
Gewinn (A), April 2015: Wohnen, wo andere Urlaub machen
Berliner Zeitung, März 2015: Wohnen im Urlaubsdomizil
FAZ, Juni 2015: Ruhe vor dem Sturm
NZZ (CH), Juli 2015: Tür an Tür mit Varoufakis
Handelsblatt, Juli 2015: Haustraum in Hellas

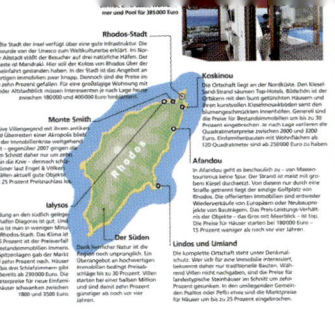

Rhodos-Stadt

Koskinou

Monte Smith

Afandou

Ialysos

Der Süden

Lindos und Umland

MONEYSERVICE

Ferienimmobilien

Krise als Chance

Wirtschaft 17

er stürzen sich auf che Ferienhäuser

SPEZIAL

TRENDY

RHODOS/GRIECHENLAND Nach dem Preisverfall der vergangenen Jahre avanciert Griechenland gerade zum Geheimtipp unter sonnenhungrigen Immobilienkäufern. Weil die Preise auf dem Zweitwohnmarkt um bis zu 20 Prozent gesunken sind, liegen sie in etwa auf dem Niveau des Jahres 2006. Hinzu kommt eine vergleichsweise günstige Grunderwerbsteuer von drei Prozent, die früher bei acht bis zehn Prozent lag.

Griechenlands viertgrößte Insel Rhodos bietet 32 Strände und Quadratmeterpreise ab 2500 Euro, die je nach Strandnähe ansteigen. Ein 3-Zimmer-Haus mit Pool, 900 Meter vom Meer entfernt, bringt mindestens 900 Euro Miete pro Woche. Ein ordentliches Kataster fehlt noch immer.

Der Strand in Zadar ist in weiten Abschnitten sandig und gehört ohne Zweifel zu den schönsten Kroatiens. Was mittlerweile auch internationale Hotelketten wie Kempinski anlockt. Das Interesse potenzieller Käufer sei zuletzt um 30 Prozent gestiegen, berichten Makler. Gefragt seien neben Zadar insbesondere gut ausgestattete Villen auf der Halbinsel Istrien und Inseln wie Rab. Diese dürfen dann auch schon mal bis zu 750 000 Euro kosten. 90 Prozent der Käufer von Ferienimmobilien kommen zurzeit aus dem Ausland.

ALGARVE/PORTUGAL Mehr als 3000 Sonnenstunden pro Jahr, spektakuläre Golfplätze mit Meerblick, ein Paradies für Sur-

Ferienhaus-Buchungen steigt seit Jahren signifikant, wasweggen das EU-Land gerade für die Investoren interessant ist, die ihre Immobilie auch vermieten wollen. Für ein 5-Zimmer-Ferienhaus mit Pool kann man mit mindestens 1000 Euro pro Woche rechnen – das ist durchaus vergleichbar mit Mallorca.

fer, sanft steigende Immobilienpreise – und dann noch ein Förderprogramm namens „Golden Visa", mit dem Nicht-EU-Investoren eine Aufenthaltsgenehmigung bekommen. Die Algarve, Portugals südliche Traumküste, liegt im Trend. Auch durch eine offensive Tourismuspolitik und den europäischen Märkten, besonders die europäischen Märkten, bessere Flugverbindungen und eine vereinfachte Bürokratie beim Hauskauf. Was nicht nur Interessenten aus England, Frankreich und Deutschland lockt, sondern sogar Chinesen.

Die Quadratmeterpreise für Ferienimmobilien beginnen bei circa 1290 Euro. Eine 5-Zimmer-Ferienvilla mit Meerblick bringt mindestens 950 Euro Miete pro Woche. Die Regierung bemüht sich, den Markt weiter anzukur-

Edle Ferienhäuser in ortstypischer Bauart finden sich an der Algarve-Küste häufig

Direktkurjermarkt

Zielsicher

Binnen weniger Wochen hat sich der Wettbewerb im Direktkuriermarkt massiv verschärft. Jüngster Coup: Der französische Spezialist Flash Europe steigt mit 49 Prozent bei Profex-Partner Flashline ein. Über die Folgen sprach Geschäftsführer Georg Petras exklusiv mit der VerkehrsRundschau.

WELT am SONNTAG

Gutes Klima, gute Preise

Griechenlands Immobilienmarkt leidet unter er Krise. Kaufinteressenten kommen daher

---

Frankfurter Allgemeine
SONNTAGSZEITUNG

Ruhe vor dem Sturm

Griechenland steckt in der Krise. Doch die Touristen kommen und mit ihnen die Käufer von Ferienimmobilien. Aber kann man in diesem Land kaufen?

Insel Santorini: Griechische Ferienimmobilien sind derzeit günstig zu haben.

an Tür mit Varoufakis

ienhauses in Griechenland ist einfacher und günstiger geworden

Als Grund für die relativ hohe Robustheit führt Petras die Eigentümerstruktur bei den Ferienobjekten an. Rund 65% dieser Liegenschaften befinden sich in nichtgriechischen Händen, die von der Krise nicht betroffen sind. Aber auch sonst sei wenig von Notverkäufen zu spüren. Vielfach handle es sich um um auf Inseln gelegene Objekte. Dort herrsche aufgrund des begrenzten Platzes per se eine höhere Wertstabilität, insbesondere wenn die obligatorische Meeressicht und eine gute Erreichbarkeit gegeben sind.

herrschen. Im Regelfall musste deshalb eine weit zurückreichende Recherche zu den Besitzverhältnissen sowie zu genehmigten auf dem Objekt liegenden Lasten durchgeführt werden. Wurde in der Regel ein Anwalt war als einem relativ be Kaufpreis sogar Pflicht war.

Wer keine saftige Strafe riskieren wollte, musste zudem durch einen Architekten oder Baupingenieur überprüfen lassen, ob alle Vorschriften bei der Errichtung der Liegenschaft eingehalten worden waren. Häufig war dies dies dies nicht der Fall, dann es war ganz und gar, etwas «grosszügiger» als bewilligt zu

Georg Petras: Let's Go Hellas
121

Basler Zeitung (CH), August 2015: Mit Barem zugreifen
Bilanz (CH), August 2015: Ein Haus am Meer – Hotspots für Schweizer
Schweiz am Sonntag (CH), August 2015: Die Schweizer greifen zu
Süddeutsche Zeitung, Juni 2015: Schlechte Zeiten für Schnäppchenjäger
Welt, Juli 2015: Preiswerte Inseln
Wirtschaftswoche, Juli 2015: Wo Ferienimmobilien lukrativ sind
Zeit, Juli 2015: Meerblick, günstig abzugeben
Handelsblatt, Februar 2016: Renditejagd auf Rhodos und am Peloponnes
Handelsblatt 2016: Renditejagd auf Rhodos
Wirtschaftswoche 2016: Haus mit Meerblick
Berliner Zeitung 2016: Im Urlaub zuhause
Wirtschaftswoche 2016: Feriendomizil mit besten Aussichten
Focus Spezial 2016: Der Traum vom Heim in der Ferne

Medien im englischsprachigen
Ausland und in Griechenland:
CNBC, USA
The Times, GB
A place in the sun, GB
New York Times, USA
Imerisia (GR)
Rodiaki (GR)

Fernsehen:
SWR, Schlaglicht-Reportage
ZDF, Mittagsmagazin
ZDF, Auslandsjournal
ZDF, Mona Lisa
ZDF, Heute Nacht

Dreharbeiten für die ZDF-Sendung „Mona Lisa"

THE TIMES

Bricks & Mortar

OVERSEAS

... years ago, after the
global financial recession,
Greece was on the ropes,
and second-home buyers
were giving it a wide berth.
In 2014, however, it
seems that Greece may be
close to turning a corner.
... is flourishing again, the
... y is improving and overseas
... ty burders are returning.
... inquiries are up because Greece
... perceived as a safe place in which
... est again," says Alexandros Moulas,
... associate in Greece. "Politically
... nomically it has now stabilised."
... a view shared by the financial
... line Bloomberg Businessweek,
... in March reported on "Greece's
... ing Recovery", citing successful
... ting cuts, bond price rises and a
... ed confidence from creditors. So
... this affecting prices in the prime
... rty markets of Greece?
... the absence of official figures
... ce has no national land registry),
... are said to have fallen between 30
... 70 per cent since the market peak of
... but they began to move up last
... r, according to Georg Petras, of ...

Wirtschafts Woche

The return of buyer...

...riechenland:
...te Gelegenheit

...e niedrigen Preise locken
...iäufer aus dem Ausland.

...iele Gneunewig Kraniotaki hat ein

Günstig und der Mann 1985, um
günstig eine Autovermietung aufzubau-
en. Vor fünf Jahren bauten sie für 1,3 Millionen Euro vier Villen mit Pools in Cher-
sonissos, im Norden Kretas. "Heute sind
die Banken hier so streng, dass wir die
Kredite nicht mehr bekommen würden",
sagt Gneuewig. Die Villen vermieten sie

lionen Besucher aus dem Ausland – ein
Rekord. Dieses Jahr könnten es schon 19
Millionen werden. Auch der Markt für
Ferienimmobilien profitiert, nachdem
Investoren langsam wieder Vertrauen
fassen. Für Käufer biete sich eine "ein-
malige Gelegenheit", sagt nicht etwa ein
überabenteuerlich optimistischer Makler,

Griechenland
Insel Makri

13,5 Millionen*

Die Insel im Ionischen Meer, in
der Nachbarschaft von Scheria
und Dispenza, ist knapp eine
Quadratkilometer groß. Noch steht
hier kein Haus, eine Baugeneh-
migung aber gibt es bereits.

*alle Preise in Euro

Invest Ferienimmobilien

BILANZ

▶ schon sind die luxuspläcltich im Erst-
wohnsitzmarkt für Italiener tätig, sagt
Burri. Teilweise arbeiten sie auch mit
Vermietungen, was als früher wegen der
geringen Provision, die nur eine Monats-
miete betrage, geschwet hätten.

Was der Nachfrageistitzsuch für die
Preise bedeutet, macht er an einem Beispiel fest: Ein Paar hat ihn beauftragt, ein
Haus in der Nähe von Sarzana in Ligurien
zu verkaufen. Exakt 1000 Quadratmeter
Grundstück, 55 Quadratmeter Wohnfläche. Vor sechs Jahren hatten sie gekauft,
für 205 000 Euro – damals war die Währung noch 1,00 Franken wert. Jetzt ist es
für 125 000 Euro ausgeschrieben – rund
2300 Euro pro Quadratmeter Wohnfläche
– und findet keinen Käufer.

Der Preisetrisch dieser Immobilie
übersteigt jenen bei den Durchschnitts-
preisen deutlich, der rund 15 Prozent beträgt (siehe Grafik auf Seite 84).

Schweizer statt Russen. Die Nachfrage
von Schweizern nach Immobilien in Italien ziehe wieder an, sagt Peter Meerll.
Der Sucht und Chef der Premier Suisse
Group mit Sitzen in Zürich und Küsnacht
ist unter anderem auf Rechtsberatungen
bei Immobilienkäufen in Italien speziali-
siert. Vor allem in der zentralen Toskana
bemerkt er erhöhtes Interesse. Es würden
Herrenhäuser mit Olivenbäumen und
allem Drum und Dran gesucht.

Während sich die Experten für Italien
einseig einig, ist die Nachfragelage in

Frankreich an der Côte d'Azur klar: Wurden 2011 noch Immobilien im Wert von
2,45 Milliarden Euro verkauft, so waren
es im Jahr 2013 noch 1,86 Millliarden. Inzwischen habe sich die Nachfrage stabili-
siert, sagt Beatrix Eikel, die die Büros von
Engel & Völkers an der Côte d'Azur leitet.
Italiener und Russen seien weiter die be-
deutendsten Käuferinnen. Sämer aber
Marktanteil verlieren. Dagegen steige die
Zahl der schweizerischen und belgischen
Interessenten. Wie die Schweizer profitieren auch die Briten davon, dass ihre Währung gegenüber dem Euro gestiegen ist.

Die Preise an der Côte d'Azur sind ge-
mäss Eikel heute rund 15 bis 20 Prozent
tiefer als im Jahr 2007. Das spiegelt sich
allerdings nicht in der Statistik für ganz ▶

Rhodos, Griechenland

Schnäppchenjäger werden am ehesten
in Griechenland fündig. Allerdings
sind die Besitzverhältnisse oft unklar –
ausser auf Rhodos und Kos.

Wohnungspreise Griechenland

Quelle: Bloomberg

**Frau Merkel, wir
wollen auch eine
Volksabstimmung!**

Donnerstag, 3. November 2011

Bild
UNABHÄNGIG · ÜBERPARTEILICH
www.bild.de

**Nehmt den
Griechen
den Euro
weg!**

Die Merkel-Raute findet auch Nachahmer auf Rhodos …

Georg Petras: **Let's Go Hellas**

123

Fakten zu Griechenland und Rhodos

Mehr als **300.000 Griechen**, meist junge Akademiker, haben während der Schuldenkrise ihr Land verlassen. Ihre Ziele sind vor allem Deutschland, Großbritannien und die Vereinigten Arabischen Emirate. Die Erhebungen stammen von der griechischen Zentralbank. Experten sprechen von der dritten großen Emigrationswelle. Viele sprechen von der verlorenen Generation.

27,5 Millionen Touristen besuchten allein 2016 das Land. Größter Anteil sind Besucher aus Deutschland (knapp 3 Millionen), der griechische Tourismusverband erwartet für 2017 bis zu 28 Millionen Besuche.

16,4 Prozent trägt der Tourismus zum BIP Griechenlands bei (genauso viel wie die Industrie).

320 Sonnentage garantiert Rhodos und dazu:

220 Kilometer Küste. Dann ist man einmal um die Insel gefahren.

1.215 Meter misst der höchste Berg der Insel – der Attavrios im Westen.

15 Kilometer von Rhodos-Stadt entfernt bei Ladiko liegt die malerische Anthony Quinn-Bucht. Schroffe Felsen und kristallklares Wasser dienten 1961 als Filmkulisse zu „Die Kanonen von Navarone". Das Land rund um die Bucht gehörte einst dem Schauspieler.

1492 wurde die älteste erhaltene Straße Griechenlands, die Ritterstraße, in der Altstadt von Rhodos-Stadt angelegt. Hier befinden sich die sieben Herbergen der verschiedenen Orden der Johanniter – auch genannt die sieben „Zungen": Provence, Auvergne, Frankreich, Italien, Aragon, England und Deutschland. Später kam noch Kastilien dazu.

Die Anthony-Quinn-Bucht

798 Höhenmeter müssen Besucher erklimmen, wenn sie auf den Profitis Ilias zum Besuch der Mussolini-Villa steigen. Das im Tiroler Landhausstil errichtete Haus wurde 1936 – als Rhodos unter italienischer Herrschaft stand – gebaut. Der Blick auf das Meer ist bemerkenswert – Mussolini hat das Haus nie betreten.

Das vierte Jahrhundert vor Christus ist das Entstehungsjahr des Tempels der **Athena Lindia in Lindos**.

Epta Piges/Sieben Quellen: Wasser in Überfülle

Der Harzgeruch der Amberbäume lockt seltene Schmetterlinge in das Tal der Schmetterlinge in **Petaloudes**.

60 wilde Orchideenarten wachsen auf Rhodos. Es sind Endemiten. Das heißt, es gibt diese Arten nur hier auf dieser Insel. Sie blühen Ende März bis Mitte April.

Ein magischer Ort im „Tal der Schmetterlinge"

Hotel Elafos: 780 Meter über dem Meeresspiegel

Badefreuden am pittoresken Strand von Kallithea

Georgs Lieblingsorte

Generell gibt es so viele Orte, an denen ich gerne bin und auch gerne esse, man kann eigentlich nicht alle aufzählen. Hier sind trotzdem einige:

Mavrikos Restaurant – hier esse ich am liebsten, ob mit Freunden oder Kunden oder beides, und da gibt es doch einige. Adresse: Main Square, 85107 Lindos

Melenos Restaurant, 85107 Lindos, unterhalb der Akropolis, tolles Restaurant, fantastischer Blick, kleines und feines Hotel

Odyssia Restaurant, mitten im Ortszentrum Lindos, tolle Location, der Eigentümer ist ein Deutsch-Grieche aus Lindos, der wie ich in Stuttgart lebt. Toller Blick von der Dachterrasse auf die Akropolis

Petaladika in der Altstadt, auch hier sitze ich sehr gerne, leckere Vorspeisen, meist Meeresfrüchte und Fisch; man kann wunderbar die Menschen beobachten, die vorbeigehen. Hier gehe ich gerne mit Geschäftspartnern hin, die sich kurz in der Stadt aufhalten, da kurze Wege. Menekleous 2, 85131 Rhodos-Altstadt

Georg Petras: **Let's Go Hellas**

Marco Polo, kleines und nettes Hotel mit einem tollen Restaurant und Garten, hier genieße ich einfach nur.
Agiou Fanouriou 42, 85131 Rhodos-Altstadt

Stegna aus Kapitel 4: Leckerer Fisch direkt am Wasser, am liebsten bei Gialos. Stegna beach, 85102 Archangelos

Eine der Sitzgelegenheiten auf dem *Hügel Monte Smith* mit fantastischem Blick auf die Stadt oder das Meer in fast atemberaubender Höhe.

Das Heimatdorf meines Vaters, *Archipoli*, das authentische Dorf im Landesinneren, komplett im Grünen liegend, herrlich ruhig. Es locken ein Café bei Agios Nektarios, das *Café Replay* oder die Taverne *Mimis*. Meine Heimat, ein wenig zumindest :-)

In *Esslingen* gehe ich am liebsten schwäbisch essen, gutes Essen aus der Heimat, ein wenig zumindest :-)

Nachwort
des Autors

Auch Griechenland
hat ein Recht
auf Zukunft

Vor über 30 Jahren, ich war gerade mal zwölf Jahre alt, durfte ich immer meine kompletten Sommerferien in Archipoli, einem kleinen Bergdorf auf Rhodos, verbringen. Das war für mich die Freiheit. Hier war fast alles erlaubt. Ich durfte lange wach bleiben, im Restaurant meines Patenonkels aushelfen, ja ich durfte sogar mit einem Mofa fahren. Es war das Paradies!

Es gab nur eine Ausnahme: Mein Patenonkel hatte es nie zugelassen, dass ich mich um die Tiere auf seinem Bauernhof kümmerte. Er erklärte mir damals, das sei zu gefährlich, denn wenn ein Tier losrennt, rennen alle anderen hinterher. Das passiert, wenn es einen Grund gibt, wenn die Tiere Gefahr wittern. Manchmal jedoch gibt es einfach keinen Grund. Ein Tier rennt einfach los und der Rest hinterher. Ohne Grund.

Ich sehe hier eine Parallele zu den Medien und deren Aufarbeitung der Euro-Schuldenkrise: Was waren das für tolle Schlagzeilen, die den Verlagshäusern Umsatz brachten! Endlich war ein Sündenbock gefunden und alle sind losgerannt – haben eingestimmt in die Griechenland-Schelte. Ohne nachzudenken. Haben wir nicht alle manchmal gedacht: „Wenn die Griechen so viel Geld ausgeben und zu wenig arbeiten, müssen sie raus aus dem Euro, dann kann das mit Europa auch nicht funktionieren..." Und so titelte eine große deutsche

Boulevardzeitung: „Jetzt griecht Ihr nix mehr", „Luxusrentner", „Griechen reicher als wir".

Dabei sah die Realität ganz anders aus: In Griechenland wurden in den letzten Jahren die Renten um 30 Prozent gekürzt. Solche sozialen Einschnitte wären in anderen europäischen Ländern undenkbar.

Trotzdem blieben die Medien bei ihren Schlagzeilen: „Die Griechen wollen nicht sparen und setzen keine Reformen um". Tatsächlich wurden die Mittel für das Gesundheitssystem um 50 Prozent gekürzt. Das bedeutet für mich als deutscher Europäer: Wenn ich krank bin werde ich in Deutschland von Kopf bis Fuß untersucht und behandelt – als griechischer Europäer allerdings nur noch zu 50 Prozent. Man stelle sich vor, man geht zum Arzt und der kann lediglich eine Körperhälfte untersuchen, wenn man Glück hat, ist die Krankheit auf der untersuchten Seite. Das hat Konsequenzen: In den Jahren der Krise ist die Säuglingssterblichkeit in Griechenland überdimensional gestiegen. Der Mindestlohn wurde in den letzten Jahren von knapp 800 Euro brutto auf 580 Euro brutto gesenkt. Wie kann ein Mensch von 580 Euro brutto im Monat leben und ein Kind ernähren?

Die Arbeitslosigkeit ist enorm gestiegen. Aufgrund der Rentenkürzungen können viele ältere Menschen nicht einmal ihre Stromrechnungen bezahlen, obwohl sie jahrzehntelang gearbeitet haben. Menschen aus der sogenannten Mittelschicht betteln sogar um Essen. Das habe ich mit eigenen Augen gesehen in Städten wie Athen und Thessaloniki. Es gibt Familien, die ihre Kinder in Heime geben mussten, weil sie nicht genug zu essen hatten. Und das alles in Europa, in einem Land wie Griechenland – in einem Paradies.

Jetzt kommt es darauf an, dass diese enormen Einsparungen, diese enormen Anstrengungen zu einem positiven Ergebnis führen. Die Troika bzw. die Institutionen, bestehend aus EU, EZB und IWF, waren ja ständig vor Ort und haben alles kontrolliert und weitere Vorgaben und immer wieder neue Einsparungen verordnet. Die Statistik zeigt die Schuldenentwicklung in Griechenland: Die Schulden sind unter dem Sparzwang, im übrigen entgegen den Berechnungen der Institutionen, paradoxerweise gestiegen.

Ist das eine Zukunft für die Griechen? Ich meine, so geht Zukunft nicht. Aber hat nicht jeder Mensch ein Recht auf Zukunft?

Tatsache ist allerdings auch, dass wir Griechen sehr viel Blödsinn veranstaltet haben. Wir haben seit der Einführung des Euros weit über unsere Verhältnisse gelebt und uns gefühlt und verhalten wie in einem Schlaraffenland. Die griechischen Politiker und auch die Kreditinstitute haben dieses massiv, teilweise fahrlässig unterstützt.

Zudem haben wir unser Fundament des Wohlstands, wie die Landwirtschaft, komplett vernachlässigt.

Genau aus diesem Grund sind in erster Linie die Griechen selbst schuld und auch selbst verantwortlich für dieses Dilemma.

Dennoch muss man den Griechen einen Neustart ermöglichen. Es sollte ein Schuldenschnitt gemacht werden. Wir müssen diesem wunderbaren Land und diesen wirklich so tollen und herzlichen Menschen einen Neustart ermöglichen. Selbstverständlich unter der Aufsicht der Institutionen.

Hat nicht jeder ein Recht auf Zukunft? Diese vielen jungen und willigen und motivierten Menschen, die etwas bewegen möchten und auch können? Man muss ihnen die Chance geben.

Es könnte so einfach sein, und vor allem ist das Rezept gar nicht neu: Wie vor knapp 70 Jahren, als schon einmal ein Land sehr viel Blödsinn gemacht hat. Sehr viel Blödsinn – und mehr als das: Nachdem alles vorbei war, kam dieses Land trotz verschiedener Versuche einfach nicht auf die Beine. Die Schulden waren einfach zu hoch. Einfach kein Erfolg – trotz sehr vieler Maßnahmen.

Bis zum Jahre 1953. Viele Länder haben sich damals getroffen, um über die Zukunft dieses einen Landes zu sprechen. Man wollte diesem Land helfen, um ihm eine Zukunft zu ermöglichen. Jedem Teilnehmer war klar: Wenn es so weitergeht, wird es nicht wirklich möglich sein, dem Volk wieder eine Perspektive zu geben.

Also hat man beschlossen, diesem Land die Hälfte der Schulden zu erlassen. Man hat Deutschland den Neustart ermöglicht. Eine der besten Entscheidungen der Nachkriegszeit. Das war das große Verdienst der Londoner Schuldenkonferenz 1953: Ein Schuldenschnitt von 50 Prozent. Und alle Länder waren sich einig: Die USA hat zugestimmt, England hat zugestimmt, Frankreich hat zugestimmt. Ganz nebenbei: Da war noch ein sehr kleines Land, das auch zugestimmt hat. Auch dieses Land hat damals gesagt: Ja, Deutschland hat eine zweite Chance verdient – egal wie viele Fehler vorher gemacht wurden: Jeder hat ein Recht auf eine Zukunft!

Dieses kleine Land war Griechenland. Und dieses Land braucht seine Zukunft – jetzt.

Danksagung

Danke und *efcharistó* an:

▸ meine Frau Stephy und meinen Sohn Nico

▸ mein gesamtes Team auf Rhodos, das so tapfer durchgehalten und meine ständigen „Nicht-Zufrieden"-Phasen durchgestanden hat

▸ Anja Steinbuch, Co-Autorin, die mich nach vielen Gesprächen als Geschäfts- wie auch als Privatmensch noch besser kennengelernt hat und die toll geschrieben hat

▸ Engel & Völkers in Hamburg für die Unterstützung, insbesondere den netten Damen aus der PR-Abteilung, Prinzessin Wittgenstein sowie Florian Freytag-Gross und Philipp Niemann

▸ Kai Enders, Vorstand der Engel & Völkers AG und Wegbegleiter seit 2010, insbesondere für das Interview in diesem Buch.

Das Team von Engel & Völkers auf Rhodos

▶ alle Engel & Völkers Shops weltweit für die Unterstützung und Präsentation unserer Rhodos-Immobilien in ihren Schaufenstern

▶ Jan Hübel und Robert Stadler vom Verlag der *Griechenland Zeitung* in Athen für das Begleiten, Redigieren und Drucken des Buches und für die tolle Zusammenarbeit

▶ Corinna Jessen, Journalistin, ZDF, für das Interview in diesem Buch und für die Offenheit zur Situation in Griechenland

▶ Dipl. Ing. Oskar Pekoll

▶ Prof. Dr. Michael Tsambikakis

▶ alle Journalisten, die in den vergangenen Jahren eine neutrale und faire Berichterstattung gewählt hatten

Die beiden Herausgeber der Griechenland Zeitung mit dem deutschen Botschafter in Athen (2.v.r.) bei einer Buchpräsentation

- den lokalen Medien auf Rhodos, die immer wieder über meine enormen Anstrengungen berichtet haben, die Tageszeitung „Rodiaki Efimerida", insbesondere die Journalistin Liza Tsopanaki

- die Wirtschaftszeitung „Imerisia" aus Athen, insbesondere Vassilis Kanellis

- Harry Zampetoulas, Fotograf, der mit mir kostenloses Fotoshooting auf Rhodos für den guten Zweck machte

- alle Kunden, die wie ich daran geglaubt haben

- unseren Hund Basti, den wir aus der Tötungsstation gerettet haben, und der so dankbar ist

Steckbrief Anja Steinbuch, Autorin

1970 in Hamburg geboren. Nach der Schule Studium der Anglistik und Germanistik in Heidelberg.

1995 erste Medienerfahrung als Volontärin beim Lokal-TV-Sender Hamburg1.

2000 Festanstellung als Redakteurin und Sprecherin für den deutschen Nachrichtendienst des TV-Senders Euronews in Lyon, Frankreich.

Seit 2006 tätig als freie Autorin mit dem Schwerpunkt Wirtschaft für Tageszeitungen, Online-Nachrichtenportale und Wirtschaftspublikationen (Handelsblatt, Wirtschaftswoche).

Anja Steinbuch lebt mit Mann, Tochter und Hund in Hamburg. Wenn sie nicht schreibt, reist sie durch Europa. Ihre Überzeugung: „Dieser Kontinent hat wirklich alles, was man zum Glück braucht." Griechenland entdeckte sie erst spät durch die Krisen-Berichterstattung. Seitdem reist sie regelmäßig hin.

Steckbrief Georg Petras

1971 geboren in der Nähe von Stuttgart. Trotzdem ist Petras ein Sohn der Insel Rhodos, denn sein Vater stammt von dort. Petras Senior wanderte in den Sechzigerjahren nach Deutschland aus und arbeitete im Maschinenbau. Georg Petras wuchs als Kind geschiedener Eltern in Stuttgart auf. Deutsch und Griechisch sind seine Muttersprachen. Bereits in jungen Jahren lernte er, selbstständig zu sein. Er wuchs bei seinem in Vollzeit berufstätigen Vater auf.

Zuerst begann Georg Petras eine Ausbildung zum Hotelfachmann, fühlte sich damit aber nicht ausgelastet. Nach Schule

und Ausbildung wollte er bereits etwas Eigenes auf die Beine stellen. 1993 war es so weit: Mit seinen ersten Ersparnissen mietete er den ersten Transporter und wurde als Selbstfahrer sein eigener Chef. Nach Insolvenz seines Auftraggebers im Jahre 1998 entschied sich Petras, trotz hohem Risiko und herber Verluste, auf „alles oder nichts" zu setzen und hob ein Logistikunternehmen aus der Taufe. Das Unternehmen wurde mehrfach prämiert.

2008 verkaufte Petras das Unternehmen an einen französischen, international tätigen Konzern.

Georg Petras: **Let's Go Hellas**

Petras blieb als Geschäftsführer noch ein Jahr im Unternehmen. Doch er hatte bereits eine neue Idee:

2009 erwirbt er die Engel & Völkers-Lizenzen für den Bereich Dodekanes. Dazu gehören Rhodos, Symi, Kos und weitere kleinere Inseln.

2010 eröffnet er sein Engel & Völkers-Büro in Rhodos-Stadt.

2010-2016: Was in diesem Zeitraum geschah, lesen Sie in diesem Buch.

Petras ist verheiratet und wohnt mit seiner Frau, seinem Sohn und seinem Hund in Stuttgart und auf Rhodos.

Inzwischen hat Petras eine neue Leidenschaft: Als Autor des Buches „Let's go Hellas – Griechenland, jetzt erst recht!" beschreibt er seine Sicht auf das Verhältnis zwischen Griechenland und der EU.

„Georg Petras ist es sehr gut gelungen, dem Leser aus unternehmerischer Sicht spannende und persönliche Einblicke in die Griechenland-Krise zu gewähren."

Bettina Prinzessin Wittgenstein
Leiterin Globale Unternehmenskommunikation
Engel & Völkers AG

Inhalt

Wo einst die Ritter residierten …

Die Fotos in diesem Buch stammen von